La Fabrique des précarités

A-t-on abandonné la fraternité ?

Dans la même collection

Julie Martinez, *IA et fake news* (2024).
Aude Kerivel, *Protéger l'enfance* (2024).

Florian Guyot

La Fabrique des précarités

A-t-on abandonné la fraternité ?

Flammarion

978-2-0804-8280-8

Introduction

Il m'est arrivé à de nombreuses reprises d'accompagner des équipes de maraude dans Paris et dans le bois de Boulogne. Ces équipes de travailleurs sociaux sont chargées d'aller à la rencontre des sans-abri et d'entamer un dialogue, d'évaluer leur situation et de mettre en place les solutions qui permettraient de les réinsérer. En pleine canicule ou parfois sous une pluie battante, ces maraudes laissent toujours un souvenir poignant. Les rencontres sont souvent rudes, avec des gens qui ne souhaitent pas parler, en tout cas pas ce jour-là. C'est d'autant plus marquant lorsqu'on croise des personnes très jeunes, ou au contraire très âgées, dont les conditions de vie ne peuvent laisser indifférent.

Je me souviens d'un jeune homme dont l'équipe de maraude était fière de m'annoncer quelques jours plus tard qu'elle avait réussi à lui obtenir un hébergement, après plusieurs mois de travail. Je me souviens aussi d'équipes désemparées après le décès d'un homme qui vivait depuis plusieurs mois sous une tente près du métro Cambronne, avec deux amis. Leurs tentes ont été enlevées, et il était mort le lendemain, sur un banc, dans un square.

En 2023, le collectif Les Morts de la rue a dénombré 862 personnes décédées sans chez-soi. Un chiffre en augmentation constante depuis vingt ans [1], dans une relative indifférence.

L'attitude de la société envers les plus pauvres a beaucoup évolué dans le temps. En France, ce n'est qu'en 1994, à l'occasion de la refonte du Code pénal, que le délit de « vagabondage », qui y avait été inscrit dès sa création, en 1810, a été supprimé, même si aucune décision n'avait été rendue à ce titre depuis plusieurs années. Il s'agissait de l'un des rares délits sanctionnant non pas des faits, mais une conduite, au demeurant difficile à définir. L'article abrogé précisait que « les vagabonds ou gens sans aveu sont ceux qui n'ont ni domicile certain, ni moyens de subsistance, et qui n'exercent habituellement ni métier, ni profession ». Depuis sa suppression,

1. Collectif Les Morts de la rue, *Dénombrer & Décrire. Mortalité des personnes sans chez-soi en 2023*, novembre 2024.

certaines communes prennent régulièrement des arrêtés anti-mendicité, qui font l'objet de contestations régulières devant le juge. Cette tension entre liberté et ordre public est au cœur de celles qui traversent la société depuis toujours.

Le traitement social de la pauvreté a beaucoup évolué dans l'histoire. Comme le rappelle l'historienne Axelle Brodiez-Dolino, jusqu'au Moyen Âge, en Europe, la pauvreté était « sanctifiée[1] ». Selon elle, dans les civilisations chrétiennes, les pauvres incarnaient le Christ sur Terre et la pauvreté était à ce titre valorisée, d'où la création d'ordres mendiants pour leur venir en aide. Certains, comme les ordres des dominicains ou des franciscains, existent toujours.

À partir du XIVe siècle, la répression contre les pauvres s'est faite plus forte, car de nombreux soulèvements contre les famines sont apparus, tel celui de 1358 mené par Jacques Bonhomme, qui donnera le nom de « jacquerie » à ces révoltes de pauvres. En plus des édits pris à cette époque contre les oisifs qui les menaçaient de torture, les

---

1. Brodiez-Dolino, Axelle, « Une histoire de la pauvreté par ses hérauts », *Constructif*, n° 62(2), juin 2022, p. 11-14.

pouvoirs publics ont créé, entre le XVIIe et le XVIIIe siècles, les premiers « hôpitaux généraux » et « dépôts de mendicité », qui visaient d'abord à chasser les pauvres des rues. Le Centre d'hébergement et d'assistance aux personnes sans abri (Chapsa) à Nanterre en est un héritage et accueille pour la nuit les sans abri amenés par une brigade dédiée de la Préfecture de Police de Paris, la Brigade d'assistance aux personnes sans abri (Bapsa) – autrefois appelée Équipe de ramassage des vagabonds (ERV) –, dont les pratiques aujourd'hui reposent sur le consentement de la personne.

Après la Révolution française, le paradigme répressif existe toujours, comme en témoigne le délit de vagabondage inscrit dans le Code pénal en 1810, mais c'est à cette époque qu'une lente évolution vers l'assistance démarre. Des bureaux de bienfaisance sont créés à partir de 1796. Ce sont des structures municipales réduites à une aide aux plus indigents. Ils sont facultatifs et deviendront obligatoires à partir de 1893, sous la forme de Bureaux d'assistance, ancêtres des actuels Centres communaux d'action sociale (CCAS). À cette époque, les premières œuvres voient le jour. Les Petites Sœurs des pauvres sont fondées par Jeanne Jugan en 1839 pour venir en aide aux personnes âgées et malades.

William Booth, pasteur britannique, donne naissance à l'Armée du Salut en 1878 à Londres, et sa fille déploie l'organisation en France en 1881. Les patronages, principalement à destination des jeunes, se multiplient. Les Cadets de Bretagne, d'abord connus sous le nom d'Œuvre Notre-Dame de toutes-grâces, est le plus ancien, qui date de 1840[1]. C'est toutefois également en même temps que la répression contre les vagabonds est la plus forte, avec plus de 20 000 décisions rendues par an au titre du délit de vagabondage entre 1880 et 1900, comme le montrent les travaux du sociologue Julien Damon[2]. Un chiffre jamais atteint auparavant.

En 1871, un patronage pour adultes voit le jour : la Société générale pour le patronage des libérés (SGPL), qui vise à la réinsertion des sortants de prison. Jules de Lamarque, chef de bureau au ministère de l'Intérieur, où est hébergé le siège social de la SGPL, écrit qu'il s'agit d'une création « sans précédent dans [le]

1. Site Internet des Cadets de Bretagne, rubrique « Historique ».

2. Damon, Julien, « La prise en charge des vagabonds, des mendiants et des clochards : une histoire en mouvement », *Revue de droit sanitaire et social*, vol. 43, n° 6, 2007, p. 933-951.

pays dont les uns proclamaient la nécessité sans se mettre en peine de la réaliser, que les autres taxaient de témérité ou d'utopie dangereuse. [...] La Société a pour but de ramener aux habitudes d'une vie honnête et laborieuse les libérés adultes de l'un ou l'autre sexe qui, à la suite d'une enquête approfondie, lui paraissent susceptibles de revenir au bien ». Il s'agit alors de l'une des premières structures laïques à mettre en œuvre un véritable accompagnement des grands exclus, en l'occurrence les personnes sortant de détention.

Le XXe siècle voit les mentalités évoluer. Léon Bourgeois, qui fut président du Conseil avant d'être le premier président de la Société des Nations et de recevoir le Prix Nobel de la paix, développe le concept de solidarisme à la base de la solidarité nationale financée par l'impôt. Comme le rappelle Axelle Brodiez-Dolino[1], une série de grandes lois sociales d'aide aux indigents est adoptée pour les malades (1893), les enfants (1904), les vieillards, infirmes et incurables (1905) ou encore les familles nombreuses et femmes en couches (1913). Cependant, on continue de distinguer les « bons pauvres » des

1. Brodiez-Dolino, Axelle, « Une histoire de la pauvreté par ses hérauts », *op. cit.*

« mauvais pauvres » et, selon Julien Damon, ce n'est qu'au tournant des années soixante que les politiques s'orientent moins sur la répression et plus sur la réadaptation [1].

Les Centres d'hébergement et de réinsertion sociale (CHRS) sont inscrits dans la loi en 1974. Ils ne sont plus seulement ouverts aux individus mais aussi aux familles, et leur financement par des crédits publics s'étend. Ces CHRS, créés par décret en 1953 sous l'intitulé Centres d'hébergement et de réadaptation sociale, étaient auparavant des centres d'hébergement destinés à de nouvelles catégories de pauvres : sortants de prison ou d'établissements hospitaliers, vagabonds « aptes au reclassement ». Ces centres étaient eux-mêmes, à l'origine, des établissements créés en 1946 pour les prostituées après la fermeture des maisons de tolérance [2].

Cette brève histoire des politiques d'aide aux plus démunis montre combien la question de la pauvreté traverse la société et constitue depuis toujours une source de tension entre les politiques répressives et les politiques sociales.

---

1. Damon, Julien, « La prise en charge des vagabonds, des mendiants et des clochards : une histoire en mouvement », *op. cit.*

2. *Ibid.*

C'est aussi la figure du pauvre qui évolue. Le vagabond est initialement communément appelé « sans aveu », terme qui signifie sans attache et donc sans suzerain et qui restera dans le Code pénal jusqu'à l'abrogation du délit de vagabondage. C'est un autre, un étranger. Au XXe siècle, il prend la figure du « clochard », dont l'origine est contestée et renvoie à la fois à celui qui est infirme (qui claudique) et qui dort « à la cloche », c'est-à-dire sous le ciel[1]. Si le premier fait peur et subit une répression sévère, le second semble davantage faire partie du quotidien. Du « punk à chien » dans les années 80 au « zombie » consommateur de fentanyl aux États-Unis ou de crack en France, les mots traduisent le regard porté sur des personnes que la société préférerait ne pas voir.

Ce livre vise précisément à remettre en perspective ce regard de la société sur les personnes précaires. Il montre que nous sommes loin d'être sortis du réflexe sécuritaire dans la prise en charge de l'exclusion. La figure de l'étranger, qui déclenche depuis toujours des peurs, comme avant celle du vagabond, continue de faire l'objet d'une demande de répression, à tel point que le délit de séjour irrégulier a

1. *Ibid.*

failli être réintroduit dans la loi en 2023, au cours des discussions sur le 117e texte de loi sur l'immigration depuis 1945.

La même année, lors de la discussion parlementaire sur un texte visant à durcir la loi contre les squats, le rétablissement de la prison pour dette, abolie en 1867, figurait au programme : en cas d'impayé de loyer, un locataire devenu débiteur se retrouverait immédiatement passible de prison. Si les débats parlementaires n'ont finalement pas donné suite à ces deux initiatives, ils montrent que le réflexe de faire de la prison la seule réponse aux maux de la société existe toujours.

Au cœur de toutes ces questions se trouvent des personnes. Il est impossible de généraliser la pauvreté tant les parcours de celles et ceux qui en font l'expérience sont différents. Certains ont vécu dans des familles dysfonctionnelles dès leur enfance. D'autres ont fui la guerre et se retrouvent seuls à survivre dans des campements insalubres. D'autres ont sombré dans des addictions, souvent plusieurs, à commencer par l'alcool. D'autres encore ont un handicap qui les freine dans leur recherche d'emploi. On trouve des mères isolées, des jeunes harcelés à l'école, des habitants en zone rurale sans solution de mobilité, des femmes victimes de violences, des enfants placés qui ont grandi mais n'ont jamais oublié.

L'objectif de ce livre est de décrire la diversité de ces parcours. Il s'agit d'abord de réhumaniser des femmes, des hommes, des enfants que l'on préfère englober sous le terme de « pauvres ». Mais il s'agit aussi de montrer en quoi les dysfonctionnements de la société *fabriquent* cette précarité, là où la tendance est depuis toujours à rendre les individus *responsables* de leur propre situation.

Il serait faux de dire que rien n'est fait envers les plus pauvres. En termes de dépenses en faveur de l'exclusion sociale, la France se place dans le premier quart des pays européens avec environ 436 euros par habitant en 2022, derrière le Danemark, le Luxembourg, les Pays-Bas ou la Norvège[1]. Il serait donc trop rapide de dire simplement que la protection sociale en général est insuffisante, même si certains champs des politiques sociales sont incapables de répondre à la réalité des besoins. Mais le sens de ces politiques ou leur capacité à prévenir plutôt que guérir sont de véritables questions. Surtout, le risque de voir l'acceptabilité de cette dépense se

1. Eurostat, « Données 2022 en euros par habitant aux prix constants de 2015 », 2022.

réduire au fur et à mesure que les phénomènes de peur et de rejet augmentent nécessite plus que jamais de s'interroger sur la manière dont la société décide de faire de la lutte contre toutes les formes de précarité un véritable projet commun.

Tous les chapitres de ce livre s'appuient sur des exemples de parcours de personnes accompagnées par l'association Aurore. Cette association n'est autre que la SGPL, la Société générale pour le patronage des libérés créée en 1871 et évoquée plus haut. L'activité de la SGPL s'est arrêtée pendant la Seconde Guerre mondiale, quand ses bâtiments ont été réquisitionnés. Bien que laïque, le foyer a rouvert en 1946 grâce à une œuvre catholique irlandaise, sous le nom de L'Étoile du Matin. Après avoir réaffirmé son ancrage laïque dès 1955, elle a officiellement été renommée Aurore en 1967. Simone Veil en était alors la secrétaire générale.

L'association a depuis considérablement développé ses activités en réponse aux besoins des personnes précaires, de l'accompagnement des malades du VIH dans les années 80 à l'accueil des Ukrainiens fuyant la guerre en 2022. Elle intervient aujourd'hui dans trois grands domaines : l'hébergement et le logement des personnes fragiles, le soin somatique, psychique et en matière d'addiction des plus précaires, et l'insertion professionnelle des personnes les plus éloignées de l'emploi.

J'en suis devenu le directeur général en 2019. À ce titre, ce livre est aussi un hommage au travail exceptionnel et à l'engagement de l'ensemble des salariés de l'association.

Qu'est-ce qu'être pauvre ?

Marguerite[1] a une vie de famille comme il en existe beaucoup. Un mari et deux enfants, un garçon et une fille. Comme pour de nombreux ménages, le quotidien n'est pas facile et les fins de mois sont pénibles. Marguerite est obligée d'enchaîner les missions d'intérim en tant qu'agent d'entretien. Les horaires souvent décalés la fatiguent et les tâches ménagères qu'il faut réaliser à la maison s'y ajoutent en fin de journée. Elle n'ose pas se plaindre, car son mari se fait de plus en plus menaçant. Elle encaisse, avec une priorité : élever ses deux enfants.

Au bout de dix ans, les violences physiques, sexuelles et psychologiques la brisent. Ses enfants ont grandi, ce sont de grands adolescents, mais son quotidien est infernal. Elle craque et

1. Tous les noms des personnes dont les parcours sont décrits dans ce livre ont été modifiés.

part. La séparation est violente, douloureuse, mais libératrice. Marguerite a décidé de tout quitter.

Sur les conseils de son assistante sociale, elle quitte aussi la région parisienne et s'installe dans l'Aube avec le peu qu'elle a. Elle se dit qu'elle trouvera bien des missions d'intérim pour subvenir à ses besoins. Mais le contrecoup est terrible, et la honte l'est plus encore. Faire une demande d'aide sociale lui paraît insurmontable. Elle finit par se retrouver à la rue, qui, comme pour beaucoup de personnes, avale toute sa vie, toutes ses attaches et toute sa dignité. Au fil du temps, elle n'a plus que son corps à vendre et elle se prostitue pendant quelques mois.

La honte continue de l'envahir, de sorte qu'elle perd contact avec ses enfants. Leur avouer qu'elle vit à la rue lui est insupportable.

Comme souvent, le sort s'acharne. Elle a déjà tout perdu ; mais la vie a décidé de lui prendre son fils, qui meurt dans un accident de la route. Ce sont les gendarmes qui retrouvent sa trace et lui apprennent la nouvelle. Elle n'a pas les moyens de se rendre à l'enterrement. Sa santé mentale se détériore, certains disent qu'elle est folle. Comment pourrait-il en être autrement ? Comment vivre avec cette anxiété de la vie à la rue chevillée au corps ? Comment gérer ses émotions quand on a vécu des violences depuis si longtemps ? Et surtout, comment faire le deuil de son fils ?

La vie de Marguerite est à la fois unique dans sa brutalité, dans sa spirale infinie vers le fond, et terriblement courante. Car il y a mille manières de briser une vie. Celle de Marguerite est une succession d'événements tragiques survenus à l'âge adulte ; d'autres sont malmenés dès l'enfance, d'autres encore sont victimes d'accidents qu'on appelle pudiquement des « accidents de la vie » : une rupture affective, une perte d'emploi, un handicap qui devient difficile à surmonter. C'est un terme qui a d'ailleurs l'avantage d'éviter de réfléchir au rôle de la société dans ces parcours : que peut-on faire si certains n'ont *pas de chance* ? Il est même assez confortable de s'imaginer qu'avec un minimum d'efforts il leur serait possible de s'en sortir. Il existe, après tout, des services sociaux dans chaque ville. Et puis, cela semble tellement irrationnel de préférer vivre à la rue qu'avoir honte de demander de l'aide ne peut être qu'exceptionnel.

Cette façon de considérer ceux que l'on croise au coin d'une rue, dans le métro, dans une gare montre combien il est difficile de comprendre ce qu'est la pauvreté.

De la pauvreté monétaire à l'expérience de la pauvreté

Il existe bien une définition officielle de la pauvreté, qui consiste à comparer les revenus dans un pays donné et à fixer comme référence le revenu médian, c'est-à-dire celui qui sépare la moitié des ménages les plus aisés et la moitié des ménages les moins aisés. Les « pauvres », ce sont alors les ménages dont le revenu est inférieur à 50 % ou 60 % selon les définitions de ce revenu médian.

En France, cela représentait environ 15,4 % de la population en 2023, ce qui nous place en milieu de tableau des pays européens : l'Allemagne présentait un taux de risque de pauvreté de 14,4 %, l'Italie de 18,9 %, et la moyenne européenne s'élevait à 16,2 % [1]. L'avantage d'une telle définition, c'est qu'elle s'adapte au niveau de vie d'un pays, à la différence d'une norme absolue qui fixerait un seuil de revenu valable

1. Eurostat, « Taux de risque de pauvreté par sexe », 2025.

partout[1]. Après tout, le prix d'un Big Mac n'est pas le même dans tous les pays du monde[2] !

Mais si l'on revient à l'exemple de Marguerite, est-ce que l'on comprend ce qu'est la pauvreté si l'on s'en tient à dire qu'ayant perdu ses missions d'intérim elle vit avec moins de 60 % du revenu médian ? Sur quelle échelle la honte qu'elle éprouve et qui l'empêche de reprendre contact avec ses enfants se mesure-t-elle ?

Pour tenter d'arriver à une définition plus proche de ce qu'est *l'expérience de la pauvreté*, l'organisation ATD Quart Monde, en lien avec l'Université d'Oxford, a lancé une étude explorant l'approche multidimensionnelle de la pauvreté[3], combinant les perspectives de personnes

1. Il existe bien une définition « absolue » de la pauvreté, mais qui est davantage utilisée en économie du développement pour comparer les populations les plus pauvres dans le monde. Autrefois fixé à 1 dollar par jour, le seuil utilisé par la Banque mondiale est depuis 2022 de 2,15 dollars par jour sur les prix de 2017.

2. L'exemple du Big Mac n'est pas anodin : il existe un « Big Mac index » qui permet de comparer le niveau de vie d'un pays à l'autre en comparant le prix d'un bien identique et très répandu, le Big Mac.

3. ATD Quart Monde, « Les dimensions cachées de la pauvreté », 2019.

directement touchées, de chercheurs et de praticiens. Ce projet international, mené dans six pays, met en lumière des dimensions souvent négligées et analyse comment elles influencent l'expérience de la pauvreté au quotidien.

Dans son rapport, ATD Quart Monde montre que la pauvreté se nourrit de facteurs qualifiés de « cœur de l'expérience » en ce qu'ils se retrouvent dans la plupart des parcours. Il s'agit d'abord d'une dépossession du pouvoir d'agir. Plus on est pauvre et moins on a de choix. De contraintes en injonctions, les plus précaires vivent les conséquences de décisions prises par d'autres pour eux-mêmes et sont jugés sévèrement si leurs actes ne correspondent pas à ce qui est attendu d'eux, comme s'il y avait des *bons* pauvres et des *mauvais* pauvres.

Matthew Desmond, journaliste américain, a gagné le prix Pulitzer pour son ouvrage *Evicted*, dans lequel il relate l'histoire de plusieurs personnes, qu'il a suivies pendant des mois, ayant fait l'objet d'expulsions régulières de leur logement dans la ville de Milwaukee, dans le Wisconsin, aux États-Unis, faute d'arriver à payer leur loyer. Il suit notamment le parcours d'une femme, Larraine, qui mène une vie de débrouille et perçoit, de temps en temps, des chèques alimentaires, lorsqu'elle arrive à les obtenir car la démarche pour faire reconnaître son droit est un défi en soi. Quand elle parvient enfin à toucher ses chèques après des semaines de bataille, elle décide, le soir même, de s'offrir un plateau de fruits de mer, suscitant la réprobation de tout le monde, y compris de sa fille ! Mais Larraine explique au journaliste qu'elle n'en peut plus de cette vie de contraintes. Ce soir-là, elle peut et elle veut, enfin, *vivre*.

Le cœur de l'expérience, c'est aussi la souffrance, dans le corps et dans la tête. De nombreuses études montrent que la santé des plus précaires est beaucoup moins bonne que celle du reste de la population. L'accès aux soins pour les personnes fragiles se révèle souvent être une succession d'obstacles.

Même si, en France, les affections de longue durée sont totalement prises en charge par l'Assurance maladie, elles impliquent nécessairement des coûts qui pèseront plus lourd pour les personnes les plus précaires. C'est ce que tend à confirmer le rapport de l'Observatoire sociétal des cancers en France, publié en 2019[1]. Les plus pauvres doivent souvent

1. Ligue nationale contre le cancer, *Face au cancer, l'épreuve du parcours de soins*, Rapport 2018-2019 de l'Observatoire sociétal des cancers, novembre 2019.

avancer des frais liés aux soins avant l'effectivité du remboursement par l'Assurance maladie, ils sont moins bien couverts par des complémentaires santé et sont régulièrement contraints de déménager pour avoir accès à ces soins. Il faut aussi prendre en compte les frais annexes, non remboursés, pour se loger, se nourrir à proximité des lieux de soins pour mesurer l'impact financier d'un tel parcours. Tout ceci conduit de nombreuses personnes précaires à renoncer aux soins[1], ce qui peut fragiliser ensuite tout le parcours de vie.

Les conditions de vie – comme l'insalubrité des logements où l'humidité joue sur le système respiratoire, ou une alimentation insuffisante ou peu équilibrée[2] – viennent dégrader encore davantage la santé physique des personnes qui y sont soumises. Tout ceci montre combien les

1. Voir notamment Blanco-Cazeaux, Iñaki et al., « Le renoncement aux soins des chômeurs en France », *Population*, vol. 77(1), 2022, p. 77-116. L'étude montre que « les chômeurs sont 29,4 % à déclarer avoir renoncé à un soin contre 16,3 % pour les personnes en emploi ». Les soins dentaires sont ceux qui font le plus l'objet du renoncement.

2. Rappelons que la grande majorité des personnes hébergées vivent dans des chambres d'hôtel où il n'y a aucune cuisine.

conséquences d'une vie faite de contraintes et de limitations vont bien au-delà du revenu : ce sont des conséquences *physiques*.

De plus, comme pour Marguerite, cette souffrance physique s'ajoute à des situations insoutenables qui jouent sur la santé mentale. Il existe relativement peu d'études fiables sur le sujet, mais l'enquête Samenta publiée en 2010 en France[1] a révélé que 30 % des sans-abri ont des troubles de la santé mentale. Au-delà du sans-abrisme, celle-ci a un impact direct sur l'accès ou le maintien en emploi, de sorte qu'elle participe à la précarisation en altérant les aptitudes sociales, économiques, relationnelles. Selon une publication de l'OCDE parue en 2015, le taux de chômage peut être jusqu'à quatre fois plus important pour les personnes souffrant d'un trouble mental[2].

1. Chauvin, Pierre et Laporte, Anne (dir.), *La santé mentale et les addictions chez les personnes sans logement personnel d'Île-de-France*, Observatoire du Samu social de Paris et Inserm, janvier 2010.

2. Organisation de coopération et de développement économiques, *Santé mentale et insertion professionnelle. De la théorie à la pratique. Santé mentale et emploi*, rapport de l'OCDE, septembre 2015.

Enfin, ATD Quart Monde souligne combien l'expérience de la pauvreté est aussi un combat et une résistance permanents, jusqu'à l'épuisement. Une économie de la débrouille et souvent de l'entraide permet de *survivre*. Les équipes de maraude qui vont à la rencontre des sans-abri dans le bois de Boulogne le soulignent : pour y habiter, il faut être relativement costaud et souvent vivre en groupe, car les conditions y sont particulièrement rudes. C'est ce qui permet de créer et de conserver des campements de fortune pour se protéger des passants et des intempéries. C'est ce qui permet aussi d'aller chercher parfois très loin des bidons d'eau qu'il faut porter jusqu'au campement.

Ce combat pour la survie est le quotidien de nombreuses personnes précaires. Dans son ouvrage de référence, Ruth Lister[1] montre combien les plus pauvres doivent souvent choisir une stratégie individuelle ou de groupe pour tenter de s'en sortir. Certains parviennent alors à sortir de la pauvreté, cette solidarité peut aussi conduire à des mouvements de protestation, comme cela a pu être le cas avec le mouvement

1. Lister, Ruth, *Poverty*, Polity Press [deuxième édition], 2021.

des Gilets jaunes en France, en 2018, dont l'un des points de départ était une augmentation de la taxe sur l'essence, qui joue fortement sur le pouvoir d'achat des plus précaires [1].

À ce cœur de l'expérience viennent s'ajouter de nombreux facteurs qui percutent la vie des personnes pauvres, à commencer par la dimension relationnelle : sauf à vivre en ermite, il est difficile de s'extraire totalement de la société. Pour certains, la confrontation aux institutions sociales est une souffrance. Qui n'a jamais été frustré face à un répondeur téléphonique commandant de taper sur de nombreuses touches avant d'espérer parler à un opérateur, qui souvent transmet l'appel à un autre conseiller, lequel ne répond pas, et toute la procédure est à recommencer ?

Imaginons que la dépendance aux aides sociales conduise à multiplier ces démarches, parfois tous les jours. C'est le quotidien de nombreuses personnes précaires : appeler pour régulariser une facture d'électricité impayée ; expliquer qu'il y a eu une erreur de la Caisse d'allocations familiales (CAF) et qu'il est faux

1. Hoibian, Sandra, « Gilets jaunes : le refus de la responsabilité individuelle de la pauvreté », *Consommation & Modes de Vie*, Crédoc, n° CMV306, juin 2019.

de dire que vous avez un indu de RSA ; mettre à jour tous les trimestres vos revenus dans un formulaire de plus de sept pages pour recalculer vos droits…

Ces difficultés relationnelles s'ajoutent au regard des autres, à la discrimination, au jugement permanent et à l'absence de reconnaissance. Il est intéressant de remarquer que les personnes pauvres au sens de leurs revenus ne se qualifient pas forcément comme telles, et inversement, parmi celles qui vivent au-dessus du seuil de pauvreté, mais qui se disent pessimistes pour leur propre avenir, 63 % se déclarent pauvres[1]. Ainsi, la pauvreté, au-delà du niveau de revenu, est liée à la relation des uns et des autres à la société et au rejet parfois ressenti, qui souvent s'exprime par un sentiment de déclassement.

Enfin, la pauvreté, c'est aussi une vie de privations. Le manque de ressources pour vivre est évidemment un marqueur. Il est d'ailleurs assez difficile de qualifier ce qu'est un revenu décent pour ne pas se sentir pauvre. Axelle Brodiez-

1. Duvoux, Nicolas et Papuchon, Adrien, « Qui se sent pauvre en France ? Pauvreté subjective et insécurité sociale », *Revue française de sociologie*, vol. 59(4), 2018, p. 607-647.

Dolino le montre en reprenant les différents seuils qualifiant la pauvreté[1] : « Serait-ce le bas des classes moyennes, 75 % du revenu médian selon l'OCDE, soit 1 342 euros par mois pour une personne seule ? 80 % de ce revenu médian, grand seuil de pauvreté subjectif – soit 1 430 euros, et 30 % de la population ? Ou bien, un peu plus haut, les chiffres très convergents proposés par deux grands organismes officiels, le "revenu minimum décent" calculé en 2014 par l'ONPES[2] (soit aujourd'hui plus de 1 550 euros) et le plafond des couches "modestes" proposé par la Drees[3] (1 582 euros) – soit, globalement, 40 % de la population ? Serait-ce, plus haut encore, le niveau de vie considéré par sondage comme minimum, qui correspond en pratique au revenu médian ? Au plus haut enfin, il y a un an, 60 % des ménages déclaraient ne pas pouvoir boucler correctement leur budget – les résultats seraient vraisemblablement pires aujourd'hui. »

1. Brodiez-Dolino, Axelle, « Chronique : Crises, précarité et stratification sociale », *Réforme*, novembre 2022.

2. Observatoire national de la pauvreté et de l'exclusion sociale.

3. Direction de la recherche, des études, de l'évaluation et des statistiques.

Cette échelle des niveaux de pauvreté montre à quel point l'estimation est difficile et subjective, car elle renvoie aux réalités des contraintes d'une vie de privations. Avoir un abonnement téléphonique est par exemple devenu quasi obligatoire aujourd'hui et représente une « contrainte » sur le budget d'un ménage. En effet, dans un monde où sans connexion il est impossible de faire la moindre démarche, avoir un téléphone et surtout un abonnement est indispensable : une telle dépense aurait-elle été jugée essentielle il y a quelques années ? Non, sans doute, alors qu'aujourd'hui elle vient s'ajouter à un budget à l'euro près.

Ces privations conduisent assez logiquement à dégrader les conditions de vie. À ce titre, la principale difficulté rencontrée par les personnes précaires consiste bien souvent à pouvoir se loger de manière décente. En 2017, les Français consacraient en moyenne 19,6 % de leurs revenus à se loger selon l'Insee. Parmi eux, les 25 % les moins riches consacraient 32 % de leurs revenus à se loger, un taux qui monte jusqu'à 45 % pour ceux qui vivent dans un logement du parc privé et qui s'élève tout de même à 28 % pour ceux qui vivent en logement social, bien au-delà de la moyenne nationale[1].

De plus, non seulement les plus pauvres dépensent plus pour se loger, mais la qualité de leur logement est souvent mauvaise. Généralement, on mesure la qualité d'un logement en déterminant si celui-ci est suffisamment grand pour accueillir un ménage donné. En France, en 2023, en moyenne 9,9 % de la population vivait dans un logement considéré comme surpeuplé, mais cette moyenne montait à 25,1 % chez les ménages vivant sous le seuil de pauvreté, contre 7,2 % pour les autres[2].

La dimension sociale de la pauvreté

Il faut être particulièrement prudent lorsque l'on cherche à assigner les personnes précaires à un statut bien souvent fait de préjugés. Surtout, résumer cette situation à la question – essentielle – du revenu, c'est méconnaître les frustrations et contraintes du quotidien, et

1. Tavernier, Jean-Luc (dir.), *Les revenus et le patrimoine des ménages*, Insee Références, mai 2021.

2. Eurostat, « Taux de surpeuplement par âge, sexe et statut de pauvreté – population totale », 2025.

c'est minimiser la dimension sociale de la pauvreté.

Car on n'est pas pauvre seul, on l'est dans une société qui *fabrique* cette pauvreté. Le principal risque, dès lors, serait de définir la pauvreté uniquement de manière individuelle, en rendant les personnes concernées responsables de leur situation.

Bien sûr, certains de leurs choix peuvent s'avérer mal avisés et peser durablement sur leurs conditions de vie, et certaines caractéristiques personnelles viennent renforcer ces difficultés. Quelle part représentent ces choix parmi l'ensemble des contraintes, rejets, conditions de vie dans l'enfance, violences subies souvent dès le plus jeune âge ou discriminations ? Quelle marge d'erreur a-t-on pour se tromper sans pour autant tomber dans la plus grande déchéance ?

Une étude canadienne sur une population de 219 sans-abri a tenté de départager ces différents facteurs et montre combien les aspects individuels et structurels sont imbriqués dans le parcours des personnes vivant à la rue[1] :

---

1. Piat, Myra et al., « Pathways into homelessness : Understanding how both individual and structural factors contribute to and sustain homelessness in Canada », *Urban Studies*, n° 52(13), 2015.

l'enracinement dans des quartiers dangereux, la discrimination, les transitions mal gérées d'une institution à l'autre, la violence… tous ces facteurs structurels viennent amplifier des facteurs individuels (santé mentale, conflits familiaux), jusqu'à devenir indissociables du parcours de vie.

L'histoire de Marguerite fait partie de ces situations où les marges sont très faibles pour absorber un choc initial jusqu'à ce que l'individu se retrouve dans une situation de blocage durable. Malgré cela, le rebond est toujours possible. Ainsi, après la série d'événements particulièrement douloureux qu'elle a vécus, Marguerite a pu être prise en charge par des équipes sociales et se voir proposer un contrat d'insertion, au sein d'une ressourcerie où elle trie des vêtements et autres objets qui seront revendus en seconde main. Grâce à ce travail, Marguerite a aujourd'hui repris goût à la vie et se reconstruit petit à petit. Elle a récemment renoué avec sa fille et a fait la connaissance de ses petits-enfants.

Les ressorts de la pauvreté

Les causes multiples de l'exclusion

Lors du déclenchement du confinement, en 2020, il a fallu mettre en place très rapidement des distributions alimentaires, non pas pour les personnes à la rue – beaucoup ont pu être hébergées au moment de la crise du Covid-19 –, mais pour tous ceux qui, du jour au lendemain, ont été privés de leur travail.

Comme souvent, ces distributions ont été l'occasion d'instaurer un temps d'échange et de chercher des solutions grâce à l'action des travailleurs sociaux. Les récits des personnes qui venaient chaque jour montrent leur très grande vulnérabilité.

Des barmen qui vivent en grande partie des pourboires, des femmes de ménage chez des particuliers dont les heures s'étaient arrêtées, des étudiants privés de leur *job* habituel, des artisans dont la trésorerie était insuffisante le temps que les différentes aides économiques se mettent en place. La plupart d'entre eux n'avaient jamais eu recours à des aides alimentaires auparavant. Un choc de plus, qui, souvent, mettra du temps à s'estomper.

De ce point de vue, la pandémie n'a fait que mettre en exergue des situations qui, hors périodes de crises, restent beaucoup plus diffuses, mais pas moins présentes.

Les raisons qui conduisent des milliers de nos concitoyens à se retrouver aux marges de la société et à vivre dans un sentiment d'exclusion souvent très pénalisant dans leur parcours sont nombreuses et souvent multiples pour une même personne.

On y trouve bien sûr des facteurs individuels, qui peuvent contribuer à fragiliser et à rendre très vulnérable au moindre choc. C'est ce que la pandémie nous a montré. Ces facteurs se trouvent amplifiés par des parcours de vie et des phénomènes d'exclusion sociale plus ou moins forts selon les pays et les périodes.

Des facteurs individuels

Parmi les facteurs individuels, l'âge est un déterminant majeur. S'il existe une population pour laquelle le risque de pauvreté est réel et persistant, c'est bien les jeunes. En France métropolitaine, les jeunes de 18 à 24 ans présentaient en 2014 un taux de pauvreté monétaire de 24,9 %, soit plus de 10 points de plus que la population générale, ce qui en fait la tranche d'âge la plus sujette à la pauvreté.

Si l'on se concentre sur les jeunes ni en emploi, ni en études, ni en formation, ce taux monte à 36,7 %, et même à 54,7 % pour ceux qui n'habitent plus chez leurs parents[1]. En moyenne, dans l'OCDE, 12,3 % des jeunes de 18 à 25 ans vivaient en situation de pauvreté relative en 2022, contre 9,8 % de la population adulte (26-65 ans)[2].

Si l'âge est un facteur important, le genre est également un facteur déterminant : être une femme dans le monde d'aujourd'hui augmente le risque de vivre en situation de pauvreté. Ceci s'explique d'abord parce que les femmes représentent l'essentiel des familles monoparentales (82 % des familles monoparentales ont une

1. Marteau, Benjamin et al., « Mesurer le niveau de vie et la pauvreté des jeunes adultes de 18 à 24 ans », *Les Dossiers de la Drees*, nº 106, février 2023.

2. OCDE, « Income and wealth distribution databases », 2023.

femme à leur tête[1]) et parce que ces familles sont les plus pauvres. En France, 32,3 % des familles monoparentales, avec au moins un enfant, vivent sous le seuil de pauvreté, c'est-à-dire avec moins de 60 % du revenu médian. Le chiffre monte à 38,6 % lorsque la famille compte plusieurs enfants[2]. En Europe, le taux de pauvreté des familles monoparentales était de 43,1 % en 2023[3].

Au-delà de la lourde charge que représente le fait d'assumer seul des enfants, être un parent isolé, et donc la plupart du temps une femme isolée, pose d'innombrables difficultés au quotidien pour s'en sortir, à commencer par la capacité à trouver du travail : comment assurer la garde des enfants lorsqu'un emploi d'agent d'entretien ou de service à la personne oblige à effectuer des horaires décalés ?

---

1. Catez, Chloé, *Femmes et monoparentalité, le choix de l'emploi*, guide de la Fédération nationale des centres d'information sur les droits des femmes et des familles, décembre 2022.

2. Tavernier, Jean-Luc (dir.), « Niveau de vie et pauvreté selon la configuration familiale », *Revenus et patrimoine des ménages*, *op. cit.*, p. 100.

3. Eurostat, « Personnes en risque de pauvreté ou d'exclusion sociale par quintile de revenu et type de ménage », décembre 2024.

Mais la précarité des femmes ne se limite pas à celles qui sont isolées : de nombreuses études soulignent l'inégale répartition des revenus au sein du couple et les relations de dépendance ainsi engendrées [1].

Le handicap reste également l'un des facteurs majeurs de risque de pauvreté, même si les relations de cause à conséquence peuvent aller dans les deux sens [2]. On observe ainsi qu'en Europe les personnes en situation de handicap ont un risque bien plus fort de vivre sous le seuil de pauvreté : 28 % des personnes de plus de 16 ans ayant un handicap étaient en risque de pauvreté en Europe en 2023, soit 10 points de plus que pour les personnes n'ayant pas de handicap [3]. L'écart est de 11 points en France selon Eurostat.

Surtout, le risque de pauvreté touche aussi bien les personnes elles-mêmes que leur famille,

1. Voir par exemple Nieuwenhuis, Rense et al., « Gender Equality and Poverty are Intrinsically Linked », *LIS Working Papers*, n° 759, 2019.

2. Pour une revue de la littérature et des effets du handicap sur la pauvreté, voir notamment Lister, Ruth, *Poverty*, *op. cit.*, chapitre 3.

3. Eurostat, « Disability statistics – poverty and income inequalities », Statistics Explained, juillet 2024.

du fait des obligations et contraintes que cela entraîne : beaucoup plus de risques de monoparentalité et une situation moins favorable sur le marché du travail. Ainsi, 30 % des familles avec un enfant handicapé sont monoparentales, c'est 7 points de plus que pour les autres familles. Dans la moitié des cas, le parent isolé ne peut pas travailler. De façon générale, seulement 54 % des mères d'enfants handicapés travaillent, quand c'est le cas de 74 % des mères n'ayant pas d'enfant handicapé.

Le niveau de vie moyen des familles avec un enfant handicapé est inférieur de 500 euros mensuels aux autres ménages. Cet écart est pour moitié compensé par le versement de l'Allocation d'éducation de l'enfant handicapé (AEEH) [1]. Aussi injustes soient-elles, ces situations sont encore une réalité dans de nombreuses familles, qui jusqu'à récemment étaient obligées de rechercher une place pour leur enfant dans une institution à l'étranger,

1. Buisson, Guillemette et De La Rosa, Gabriel, « Parents d'enfant handicapé : davantage de familles monoparentales, une situation moins favorable sur le marché du travail et des niveaux de vie plus faibles », *Études et résultats*, Drees, n° 1169, novembre 2020.

notamment pour prendre en charge les troubles du spectre de l'autisme.

Le regard des autres comme facteur de pauvreté

Mais ce qui fabrique la pauvreté, c'est aussi le regard des autres, c'est-à-dire l'exclusion sociale et les nombreux freins créés par une société qui oublie de penser à ses propres marges et qui, ce faisant, aggrave davantage la situation des personnes concernées.

La discrimination joue en ce sens un rôle important dans l'exclusion sociale. Cela vaut pour les personnes en situation de handicap comme on vient de le voir, mais aussi pour les personnes d'origine étrangère.

À ce sujet, de nombreuses études ont été menées sur les pratiques de recrutement des entreprises. L'une des expériences ayant servi à l'étude a consisté à envoyer des CV de personnes dont les compétences étaient identiques, mais dont le nom avait une consonance catholique, juive ou musulmane, et à mesurer la probabilité d'être rappelé pour le poste en question.

En France, une telle étude a notamment été réalisée entre 2013 et 2014 sur la base de près de 6 000 CV envoyés[1]. Il en ressort que le fait d'avoir un nom à consonance juive réduit la probabilité d'être rappelé d'un facteur de 1,3 par rapport à un nom à consonance catholique. Pour un nom à consonance musulmane, ce facteur s'élève à 2 en moyenne et à 3,8 pour les hommes musulmans.

Plusieurs études de ce genre ont été réalisées dans le monde et arrivent à des facteurs similaires, de l'ordre de 2 entre le taux de réponses faites au candidat du groupe majoritaire et celui du groupe minoritaire. On imagine assez facilement l'impact de ces rejets sur le sentiment d'exclusion et sur le pessimisme face à l'avenir.

Les discriminations en lien avec les origines supposées ou avérées d'un candidat à un logement ou à un emploi sont particulièrement répandues, mais il en existe de nombreuses autres formes. Par exemple, les personnes qui sortent de détention sont confrontées au rejet et

1. Valfort, Marie-Anne, « La religion, facteur de discrimination à l'embauche en France ? », *Revue économique*, vol. 68(5), 2017.

à l'hostilité d'une société qui laisse rarement une seconde chance.

Luc sort de prison. Comme de nombreux détenus, à sa sortie, il n'avait plus rien, aucune attache, aucune famille, aucun logement. Il a pu bénéficier d'une place dans un centre d'hébergement spécialisé où il est accompagné, notamment pour trouver un emploi et redevenir autonome. Amandine, éducatrice spécialisée, est sa référente. Elle l'avoue : « On ne parie pas sur les personnes avec un antécédent judiciaire, ce sont les oubliés. »

Autrement dit, on a beau avoir purgé sa peine, le trou laissé sur un CV, le manque de repères ou tout simplement le fait de vivre dans un foyer sont autant de freins à l'emploi, et donc à la réinsertion sociale. Un effet stigmate qui dure bien au-delà de la sortie de détention, et qui n'est rien d'autre qu'une discrimination de plus.

Aujourd'hui, Luc vient voir Amandine et lui annonce qu'il vient enfin de signer un contrat de travail. « Quand c'est marqué CDI, et pas CDD, sur mes fiches de paie, c'est déjà plus sérieux. » On lit la joie sur son visage. Il n'attend qu'une chose désormais :

trouver un logement et quitter le centre d'hébergement[1].

Les cercles vicieux de la pauvreté

Tous ces facteurs montrent que la pauvreté peut toucher de très nombreuses personnes et que souvent des caractéristiques intrinsèques sont à l'origine des difficultés et des phénomènes d'exclusion qui conduisent à la précarité. Il existe aussi de nombreux mécanismes qui enferment les personnes durablement dans leur situation.

Une étude menée en Belgique évalue ainsi le risque d'entrer dans la pauvreté (si l'on n'y est pas) et le risque de persister dans celle-ci (si l'on s'y trouve) en fonction de caractéristiques personnelles observables[2].

L'étude met en avant certains mécanismes forts dans les risques d'entrée et de sortie de la

1. Havenith, Cédric, *150 ans de solidarité : le Centre d'hébergement et de réinsertion sociale (CHRS) Étoile du Matin* [mini-documentaire], disponible sur la chaîne YouTube de l'association Aurore.

2. Van Kerm, Philippe, « Une évaluation économétrique des flux vers et hors de la pauvreté en Belgique », *IRISS Working Paper Series*, 2004.

pauvreté, comme l'accès à des revenus du travail, le niveau d'éducation ou l'âge. Mais elle met surtout en lumière un fort effet de trappe : le fait d'être pauvre aujourd'hui est ce qui explique le plus les chances d'être pauvre demain. C'est là l'un des grands défis des politiques publiques de lutte contre l'exclusion.

Il a été possible de mener un travail sur les flux entrants et sortants du sans-abrisme dans certains pays qui bénéficient de données suffisamment solides pour le faire. Ainsi, en Australie, il apparaît qu'environ un tiers des personnes sans domicile le sont pour une durée relativement courte, de l'ordre d'un mois, tandis qu'un quart le restent pendant plus d'un an [1]. Autrement dit, les réalités derrière chaque situation sont très diverses et peuvent dans certains cas être passagères, avec un rebond rapide après une difficulté donnée, quand existent certaines marges de manœuvre pour faire face ou des réseaux d'entraide suffisants. Dans d'autres situations, la spirale qui entraîne vers le bas est beaucoup plus forte et nécessite davantage de temps pour se relever. Car sortir de la pauvreté est un processus qui est long. Cela a

1. O'Donnell, James, « Estimating annual homelessness », *Demographic Research*, n° 43, 2020.

notamment été le cas de Voltaire, qui vivait à la rue depuis dix-huit ans dans une petite impasse du 7e arrondissement de Paris.

Lorsque les équipes de maraude le rencontrent, Voltaire est très désocialisé, il fuit le contact humain. En 2020, la pandémie de Covid-19 l'a coupé de ses repères. Plus d'accès aux bains-douches, plus de contacts, toutes les ressources et les liens sociaux disparaissent soudainement. Il n'y a plus que les équipes de travailleurs sociaux dont Voltaire apprécie la présence pendant cette période. C'est dans ce contexte très particulier qu'un déclic se produit chez lui. À sa demande, un travail progressif de levée de freins s'engage : demande d'acte de naissance, domiciliation, demande de carte d'identité, ouverture des droits à la Sécurité sociale, ouverture de compte bancaire, demande de RSA, etc. Ces démarches, qui peuvent paraître simples pour tout un chacun, prennent énormément de temps car tout est à reconstituer. Ce n'est qu'en mars 2021 que Voltaire reçoit son premier RSA.

En juin 2022, Voltaire s'inscrit à Pôle Emploi, il rejoint le Dispositif premières heures (DPH), qui permet de remettre le pied à l'étrier de personnes très éloignées de l'emploi. C'est seulement à ce moment-là que Voltaire se sent prêt à réintégrer un logement.

Après plusieurs mois de démarches, il s'installe dans une pension de famille en janvier 2023, près de trois ans après le début des démarches engagées. Il s'agit d'un dispositif créé en 1997 par Xavier Emmanuelli, fondateur du Samu social. Dans un petit immeuble collectif d'une trentaine de logements sociaux avec des espaces communs pour se retrouver, les personnes généralement issues d'un long parcours de rue bénéficient d'un accompagnement social qui permet au groupe de vivre ensemble. Pour Voltaire, c'est une nouvelle vie qui commence.

Son parcours est une belle histoire comme savent en créer les travailleurs sociaux. Mais il témoigne également de la longueur de ces démarches et de toutes les possibilités d'échec qu'elles impliquent, notamment lorsque s'accumulent d'importants freins psychologiques ou des situations d'addiction. En d'autres termes, la pauvreté se nourrit d'elle-même et nécessite un important dispositif de soutien pour s'en sortir.

Au-delà des freins nombreux pour sortir de la pauvreté comme, dans le cas de Voltaire, l'extrême complexité des démarches administratives, c'est l'existence de véritables cercles vicieux qui tend à aggraver la situation des personnes précaires et rend les politiques publiques de lutte contre l'exclusion si difficiles.

La consommation de produits psychotropes est souvent un moyen d'oublier la dureté et la violence de la vie à la rue, mais cela finit aussi par devenir un piège qui se referme sur les personnes dépendantes et les maintient durablement dans l'exclusion la plus totale. Le phénomène est bien connu pour les consommateurs de crack, qui touche l'ensemble des métropoles européennes aujourd'hui ; les résidus de cocaïne ont augmenté dans deux tiers des métropoles européennes entre 2022 et 2023[1]. Des exemples de cercles vicieux de ce type, il en existe un nombre incalculable, qui naissent de problèmes de santé, de scolarité, de discrimination ou encore de mobilité.

Les lourdes conséquences des expulsions locatives

Parmi les facteurs expliquant les ressorts de la pauvreté, la perte de logement est souvent le

1. European Union Drug Agency, « Cocaine – the current situation in Europe », *European Drug Report*, juin 2024.

point de bascule, avec toutes les difficultés qui suivent pour s'en sortir.

Albert a pu bénéficier d'un contrat à durée déterminée dit « d'insertion », c'est-à-dire que ce contrat s'inscrit dans un dispositif social, généralement piloté par une association. Cette dernière bénéficie d'une « aide au poste », qui prend en charge une grande partie du salaire, tous les autres coûts devant être couverts par le chiffre d'affaires généré. Albert est déménageur dans cette association. Auparavant, il avait un bar-restaurant et vivait avec sa femme. Souvent, le soir, une fois le rideau baissé, l'équipe se retrouvait autour d'un verre, parfois deux. Puis, les soirs difficiles, un troisième. Jusqu'à un engrenage où l'alcool lui a fait perdre ses repères et où est arrivée la chute : perte de l'emploi, rupture affective, perte du logement, la rue.

Cette chute est d'autant plus rapide que les marges sont faibles pour absorber un échec et rebondir. L'exemple d'Albert est révélateur de celui de nombreuses personnes qui avaient une vie autonome et qui, pour une raison ou une autre, *tombent* dans la pauvreté.

Car il s'agit bien d'une chute, parfois brutale. Un impayé de loyer est souvent le symptôme d'une difficulté particulière : perte d'emploi, situation familiale problématique, difficultés de santé, qu'elles soient d'ordre somatique ou d'addiction, par exemple. Pour certains, tenir son logement est très difficile. Les papiers, les quittances, l'assurance, etc. sont autant de montagnes qui paraissent insurmontables. Comme souvent, la honte de ne pas y arriver conduit à ne pas savoir demander de l'aide, y compris à ses proches. Et la situation se dégrade au fil du temps, jusqu'au point de non-retour.

Cette chute, parfois lente et insidieuse, parfois extrêmement brutale, des milliers de personnes la vivent chaque année. Parmi les pays de l'OCDE, selon les chiffres de 2023, les États-Unis sont l'un des pays au plus fort taux d'expulsions, lesquelles concernent environ 1,8 % du total des ménages. En Europe, la Grèce et la Pologne ont les taux les plus élevés, entre 1,3 % et 1,5 %. La France figure, avec l'Italie, les Pays-Bas ou le Royaume-Uni, en milieu de tableau : environ 1 % des ménages ont été expulsés de leur logement. L'Allemagne présente un taux d'environ 0,3 % [1].

Or les expulsions sèches ont des conséquences durables, notamment en termes de santé. Par exemple, une étude menée à New York montre que le fait de subir une expulsion locative

1. OCDE, « Affordable Housing Database », 2023.

conduit à une plus forte probabilité de recourir aux services des urgences, augmentant ainsi le coût social de ces expulsions[1]. À l'échelle d'un quartier ou d'une ville, il a par ailleurs été possible d'établir une relation entre le nombre d'expulsions locatives et le taux de criminalité[2].

En faisant des choix collectifs plus ou moins conciliants envers les personnes fragiles (ainsi de la diversité des réactions des pays en matière d'expulsion locative), en investissant plus ou moins dans les politiques publiques de prévention, c'est la société tout entière qui décide de fabriquer de la pauvreté et de la précarité.

---

1. Collison, Robert et al. « Eviction and Poverty in American Cities », *NBER Working Papers*, 2022.

2. Desmond, Matthew et Gomory, Henry, « Extractive landlord strategies. How the private rental market creates crime hot spots », *Eviction Lab*, 11 mai 2023.

Le sans-abrisme, un choix de société

Gustave est né en Guadeloupe, où il a vécu jusqu'à ses 8 ans. Son père décide alors de s'installer en métropole. Les souvenirs sont confus à cet âge-là et aujourd'hui tout cela paraît loin pour lui : il n'a jamais revu sa Guadeloupe natale. Presque dès son arrivée, il a été placé en foyer pour enfant, car son père le battait. Commence alors une vie de famille d'accueil en famille d'accueil, jusqu'à la majorité.

À 18 ans, tout change : l'entrée dans l'âge adulte marque la sortie de la prise en charge par l'Aide sociale à l'enfance. Comme de nombreux jeunes, Gustave se retrouve à la rue une fois la majorité atteinte. Et comme de nombreux sans-abri, il oublie la violence de la rue en sombrant dans l'alcool, la consommation de drogues et la délinquance qui, souvent, va avec.

À force de mettre le corps à rude épreuve, l'esprit est atteint : Gustave développe une maladie psychiatrique, est suivi longtemps en Centre médico-psychologique (CMP) par un psychiatre, mais mettra en échec toutes les propositions d'hébergement qui lui seront faites. Son lieu de vie, c'est la gare de Lyon.

Une équipe de maraude vient le voir régulièrement. La discussion a d'abord été rude et sommaire avant de se faire plus précise. Combien de cafés aura-t-il fallu lui proposer pour qu'il en accepte un et commence à partager son histoire ? Combien de rencontres avant qu'il exprime une envie d'accompagnement ? Ces échanges durent des années.

Gustave en a finalement dit un peu plus. Il a deux enfants. Tous deux sont placés à l'Aide sociale à l'enfance, mais il a pu garder des liens avec eux et reçoit régulièrement des nouvelles. Il a droit à des visites encadrées une fois par mois. Malgré cela, l'accompagnement piétine. Il vit dans un campement près de la gare. Régulièrement, il subit des violences et se fait voler ses papiers et ses médicaments. Il faut recommencer les démarches, tout refaire.

L'équipe de maraude organise des séjours de rupture avec les sans-abri qu'elle accompagne. Souvent à la mer, parfois à la campagne. En changeant le cadre, les discussions changent aussi et Gustave reconnaît que sa santé se détériore. Il vieillit, ses conditions de vie sont de plus en plus dures, il a des douleurs partout et aimerait voir un médecin. L'équipe parvient à organiser une consultation dans un accueil de jour spécialisé pour les personnes qui vivent dans le métro.

Après une vie entière à la rue, après des années d'accompagnement, après plusieurs tentatives soldées par des échecs aussi brutaux que douloureux, il accepte finalement de faire une nouvelle demande d'hébergement. À la même période, une pension de famille ouvre à Paris. Depuis le 15 janvier 2024, Gustave y habite : il y dispose de son logement et participe à la vie collective organisée par le maître de maison et le travailleur social en charge de la structure. Il continue de voir ses amis et d'échanger avec les équipes de maraude. Mais, le soir, Gustave dort chez lui.

L'échec des politiques sociales

Le parcours de Gustave est à la fois une belle histoire et un déchirement. Comme pour de très nombreux sans-abri, son parcours est fait de ruptures, familiale d'abord, puis sociale à la majorité : tout l'accompagnement dont il a bénéficié enfant s'est arrêté brutalement et il faut des années pour recréer les conditions d'une insertion sociale durable. D'après la dernière enquête de l'INSEE visant à connaître les sans-abri en France, qui date de 2012, environ 23 % des sans-abri sont passés par l'Aide sociale à l'enfance[1].

Au fond, la lutte contre le sans-abrisme n'est que la face visible d'une réalité beaucoup plus dérangeante : elle représente l'échec de toutes les autres politiques sociales ou leur manque de cohérence. C'est ce qui conduit à ce que des personnes décrochent totalement de la société, parfois de manière durable.

Thomas a 22 ans, il vit dans un centre d'hébergement et de réinsertion sociale, c'est-à-dire un centre collectif où il est accompagné par des travailleurs sociaux pour se réinsérer. Ce centre a la particularité de n'accueillir que des hommes qui sortent de prison. Thomas a été condamné et a purgé une peine relativement courte après avoir « fait des conneries », comme il dit.

---

1. Frechon, Isabelle et Marpsat, Maryse, « Placement dans l'enfance et précarité de la situation de logement », *Économie et statistique*, n° 488-489, septembre 2016.

Son incarcération a néanmoins été suffisante pour qu'il perde tous ses liens amicaux, ainsi que son logement et son travail. Seule sa sœur a gardé contact, mais elle ne peut pas l'accueillir chez elle.

En prison, il a bien eu quelques entretiens avec un conseiller pénitentiaire d'insertion et de probation pour préparer sa sortie, mais le temps s'arrête quand on est derrière les barreaux, et pour Thomas la sortie semblait lointaine. Et puis on lui a dit qu'il n'y aurait de toute façon probablement pas de place dans les centres d'hébergement saturés.

Un jour la sortie arrive et Thomas se retrouve à la rue. C'est une « sortie sèche », comme c'est le cas pour de très nombreux sortants de prison ; cela signifie que Thomas ne bénéficie d'aucun accompagnement à la réinsertion. Son premier réflexe est de chercher à renouer les liens de sa vie d'avant. Il pourra se faire un peu d'argent et peut-être trouver une protection. Il en a croisé plus d'un, en prison, qui sortent sans rien derrière et retombent dans les réseaux qui les ont fait plonger une première fois. Sa plus grande crainte, c'est de ne pas avoir d'autre choix que de refaire une « connerie ».

Par chance, sa sœur l'aide. Elle appelle sans arrêt le 115, le numéro qui attribue les places d'hébergement. En expliquant la situation de son frère, une orientation finit par lui être proposée dans ce centre qui l'accompagnera pour trouver du travail et se reconstruire. En terminant son récit, Thomas ne peut que constater, un brin amer : « J'ai eu de la chance. »

Toute la question est là : combien de personnes s'en sortent parce qu'elles ont de la chance ? Que fait-on pour les autres qui restent à la rue, menacées de retomber dans des logiques de survie pouvant conduire à la récidive ?

Le parcours de Thomas est symptomatique de politiques sociales qui ne parviennent pas à aller au bout de l'accompagnement, par manque de moyens ou par manque de coordination, au risque que tous les efforts menés d'un côté soient détricotés de l'autre.

Le sans-abrisme est à ce titre d'abord un symptôme de l'échec des politiques sociales dans leur ensemble à éviter l'exclusion sociale. C'est donc davantage un produit de la société tout entière que la dure conséquence de mauvais choix individuels.

Les ruptures de droits comme facteur de sans-abrisme

La sortie de l'Aide sociale à l'enfance à la majorité est un premier exemple de cet échec malgré tous les efforts menés auprès d'un jeune pour le soutenir : on l'a vu, un quart des sans-abri de moins de 25 ans ont dans leur enfance été placés en foyer ou en famille d'accueil[1].

Certes, des dispositifs existent. Certains départements mettent en place des Contrats jeune majeur pour poursuivre l'accompagnement jusqu'à 21 ans, mais souvent ce sont des contrats courts de moins de six mois, faute de moyens suffisants[2]. Des Foyers de jeunes travailleurs sont construits, mais il faut déjà avoir quelques ressources pour payer une part de l'hébergement.

Comment s'assurer qu'un jeune, à l'intersection des départements en charge de l'Aide sociale à l'enfance et de l'État en charge des adultes, ne soit jamais laissé à l'abandon et éviter qu'on ne le retrouve plus tard dans les centres d'hébergement ? Qui garantit qu'après des années de parcours, à 18 ans, on ne fabrique pas de la précarité ?

---

1. Conseil économique, social et environnemental, *Prévenir les ruptures dans les parcours en protection de l'enfance*, 2018.

2. Dans un avis relatif aux mineurs non accompagnés, le Défenseur des droits notait en 2018 « une diminution des contrats jeunes majeurs essentiellement pour des raisons de coûts financiers, induisant des fins de prises en charge brutales et parfois dramatiques ».

Dans de nombreux départements, un accompagnement social s'organise, mais les chiffres sont là, qui montrent combien de nombreux enfants placés échouent à leur majorité et tombent à court ou moyen terme dans la vie à la rue.

La santé mentale, le parent pauvre des politiques sociales

Le défaut de prise en charge de la santé mentale conduit aussi à augmenter le risque de grande précarité. « Les recours aux soins d'urgence pour troubles de l'humeur, idées et gestes suicidaires ont fortement augmenté depuis 2021 et restent à un niveau élevé en 2023. Cette hausse s'est même poursuivie chez les jeunes de 18-24 ans. Dans cette tranche d'âge, ils étaient 20,8 % à être concernés par la dépression en 2021, contre 11,7 % en 2017[1]. » Dans le même temps, le nombre de lits en psychiatrie a baissé entre 2008 et 2019[2]. Avec

1. « La santé mentale des Français se dégrade en 2023 », *Vie Publique*, 23 octobre 2023.

2. Sterchele, Charline, « L'offre de soins hospitaliers en psychiatrie : évolutions de 2008 à 2019 et disparités

quelles conséquences sur le logement et sur le sans-abrisme ?

Bien souvent, des ménages fragiles confrontés à des difficultés de santé mentale ne se soignent pas : 42 % des personnes interrogées estiment que le prix est un frein à la consultation d'un psychiatre, psychologue ou psychothérapeute en cas d'anxiété ou de dépression. Dès lors, un mécanisme assez simple d'exclusion sociale se met en place, qui peut conduire à perdre pied et à ne plus savoir réaliser correctement ses démarches administratives ni payer son loyer.

C'est le constat de l'une des équipes mobiles de l'association Aurore dédiée à l'intervention chez les bailleurs sociaux signalant des ménages qui « n'ouvrent plus la porte » et avec lesquels le contact est rompu. Ces ménages finiront assurément sous le coup d'une procédure d'expulsion.

Dans la plupart des cas, les personnes sont « abîmées ». Elles ont subi des traumatismes qui, en l'absence de soins, conditionnent et façonnent leur manière de vivre, d'habiter. Certains souffrent d'un syndrome de Diogène, qui conduit à accumuler toutes sortes d'objets, de papiers, de tissus, jusqu'à ce que l'appartement

---

territoriales », *Les Dossiers de la Drees*, n° 112, septembre 2023.

devienne totalement insalubre. Sans accompagnement, c'est la capacité à habiter qui est remise en cause.

Le fait de poser un diagnostic médical expliquant les raisons pour lesquelles une personne est dans l'incapacité de payer son loyer et de respecter les termes de son bail permet de changer de regard. S'acharner à faire rentrer dans le cadre quelqu'un qui, pour des raisons de santé mentale, n'est pas capable de le faire ne peut conduire qu'à des situations violentes et radicales.

Souvent, dans ce type de situation, la rue semble malheureusement inexorable. Pourtant, c'est précisément pour ces personnes particulièrement fragiles qu'il serait nécessaire de faire du logement le fondement et l'unique perspective de la consolidation d'un parcours de soins.

Bien sûr, ce constat a fait l'objet de travaux pour imaginer des solutions. D'abord en termes de coordination, à travers les Conseils locaux de santé mentale (CLSM), qui permettent d'adapter localement les besoins à ceux de la population.

C'est aussi le fondement même du principe du « Logement d'abord », qui gouverne les politiques publiques de lutte contre le sans-abrisme en France et dans le monde. Ce principe est né dans les années 1990 aux États-Unis et consiste à proposer directement un logement plutôt qu'une succession de centres d'hébergement. Cette politique a été déployée en France depuis 2011 à travers un dispositif appelé « Un chez-soi d'abord », qui vise précisément à prendre en charge dans un logement les personnes sans abri qui souffrent de problèmes de santé mentale.

Aujourd'hui, ce programme compte près de 3 000 places disponibles, avec une réussite reconnue : 85 % des personnes sont toujours logées deux ans après leur inclusion et ont donc réussi à « tenir » dans leur logement.

Tout l'enjeu réside dans cette question : comment éviter que les personnes ne se retrouvent à la rue, au point de nécessiter une prise en charge adaptée ? Comment coordonner les enjeux de santé mentale et de logement pour garantir un parcours résidentiel durable ? Comment tout simplement éviter de passer par l'étape du sans-abrisme en mettant suffisamment de moyens sur la prévention ?

L'accueil des étrangers ou le fait d'assumer le sans-abrisme

Enfin, le troisième exemple qui montre combien le sans-abrisme est d'abord un échec collectif est aussi le plus controversé aujourd'hui, car il relève de la question des étrangers en France. C'est une question complexe, qui recouvre à la fois des choix politiques et des questions de dignité humaine.

Pour la comprendre, commençons par étudier le parcours d'un demandeur d'asile, c'est-à-dire d'une personne qui a fui son pays car elle s'y sentait persécutée, au point de demander le statut de réfugié politique, lequel est régi par des accords internationaux.

Après un parcours qui l'a conduit à tout quitter et à effectuer un trajet souvent émaillé de tortures, de viols et de risques de noyade, un étranger qui souhaite demander l'asile a une chance sur trois de rester à la rue. Le ministère de l'Intérieur indique en effet qu'environ 65 à 70 % des demandeurs d'asile sont hébergés [1], ce qui en laisse un bon tiers dans des campements

1. Les documents budgétaires pour 2024 indiquent ainsi une cible à 64 % de demandeurs d'asile hébergés en 2024 et 68 % en 2025. Ce chiffre ne concerne par ailleurs que les personnes bénéficiant des Conditions matérielles d'accueil (CMA). La source est disponible ici : https://www.budget.gouv.fr/files/uploads/extract/2024/PLF/BG/PGM/303/FR_2024_PLF_BG_PGM_303_PERF.html.

de rue ou chez des particuliers où ils subissent parfois des abus.

L'instruction d'une demande d'asile pour un étranger persécuté dans son pays aboutit dans un tiers des situations en 2023[1]. Dans ce cas, la personne devient réfugiée et peut bénéficier d'un logement, sous réserve qu'elle puisse être accompagnée dans ses démarches, car l'obtention d'un logement est en soi une épreuve qui peut être longue.

Mais si la demande n'aboutit pas, les centres d'hébergement dédiés aux demandeurs d'asile et financés par le ministère de l'Intérieur n'ont d'autre choix que d'arrêter la prise en charge, puisque la personne n'est par définition plus un demandeur d'asile et n'est donc plus éligible à ce type de centre spécialisé.

Rares sont ceux qui repartiront dans leur pays d'origine, que ce soit de manière volontaire (puisqu'ils l'ont fui) ou forcée, car cette voie est particulièrement complexe à mettre en œuvre, essentiellement pour des raisons diplomatiques.

Dès lors, en l'absence de lien direct entre ces centres pour demandeurs d'asile, gérés par le

1. Ofpra, *Premières Données de l'asile 2023 [Chiffres provisoires]*, janvier 2024.

ministère de l'Intérieur, et les centres d'hébergement, gérés par le ministère du Logement, une personne déboutée du droit d'asile a de fortes chances de sortir de son centre avec des solutions temporaires, qui peuvent aller de quelques nuits dans une chambre d'hôtel à de l'hébergement citoyen. Mais ces solutions finissent souvent par s'arrêter et la conduisent à la rue.

D'aucuns diront que plus on donne à voir de mauvaises conditions d'accueil avec un risque non négligeable de se retrouver à la rue, moins les personnes seront tentées de fuir leur pays pour venir : c'est la théorie de « l'appel d'air ».

Lors de la visite d'un centre pour femmes sortant de maternité, Martha, qui vient d'Afrique subsaharienne, raconte son parcours. Sa fille a été assassinée devant elle. Elle comprend alors qu'elle doit partir. Trop de violences, trop de précarité, trop peu de perspectives. Partir est une condition de *survie*. Elle entame un trajet qui la conduit en Libye, où elle subit des exactions permanentes. Elle se fait violer à de nombreuses reprises. Elle savait que c'était le risque, et sans doute le prix à payer pour fuir.

La traversée de la Méditerranée est particulièrement dangereuse et Martha doit faire confiance à des passeurs qui là encore abusent d'elle. Elle transite par de nombreux pays avant d'arriver en France, où elle vit à la rue. À la fin de son récit, Martha lâche cette phrase qui en dit long : « Aucune femme au monde n'a été violée plus que moi. »

Les centres qui accueillent des migrants, qu'ils soient des hommes ou des femmes, font tous le même constat : près de 90 % des personnes rencontrées ont des marques de torture physique sur le corps. La Libye est particulièrement connue pour être incontournable sur un parcours venant d'Afrique subsaharienne et pour faire peser un risque quasi certain d'esclavage et de torture. C'est ce à quoi Martha n'a pas échappé.

Croit-on vraiment qu'une personne quitte son village, sa famille, rassemble toutes ses économies, prenne le risque d'être torturée ou de mourir noyée parce qu'elle a entendu que les conditions d'accueil dans tel ou tel pays étaient plus ou moins bonnes ? Quelles que soient ces conditions, bonnes ou mauvaises, elles seront toujours infiniment meilleures que les perspectives qui conduisent les migrants à tout quitter et à entamer un périple si dangereux et incertain.

On peut donc s'interroger sur le sens de ce manque de coordination entre les politiques publiques d'accueil des étrangers et les politiques publiques d'hébergement d'urgence. Car l'augmentation du nombre de sans-abri se traduit par la création de campements en marge des villes, la multiplication de tentes dans les rues et donc la dégradation des espaces urbains en général.

Sachant que, dans de nombreux campements, la violence et les phénomènes de domination sont omniprésents, cela ne peut que conduire à créer des zones qui finissent de retirer à ceux qui y vivent toute leur humanité. On peut alors comprendre, à défaut de les accepter, les phénomènes de rejet dans l'opinion : comment ne pas avoir peur de personnes qui vivent dans une telle déchéance et de façon totalement déshumanisée ?

De l'hébergement au Logement d'abord

Les parcours de Gustave, Thomas et Martha montrent combien le sans-abrisme reste une conséquence de choix de société bien plus que de situations individuelles. Ils montrent donc qu'il serait en grande partie évitable. À l'heure où les restrictions budgétaires s'imposent, il pourrait être opportun de s'interroger sur le sens d'une politique publique de l'hébergement qui coûte près de 3 milliards d'euros chaque année, un montant multiplié par 2,8 entre 2013 et 2023[1].

Car si de nombreux échecs de politiques sociales aboutissent à ce qu'autant de personnes deviennent des sans-abri, combien sont prises en charge et cela permet-il de retrouver le chemin du logement ?

En 2024, l'État a financé 203 000 places d'hébergement d'urgence, coordonnées par un Service intégré de l'accueil et de l'orientation (SIAO), lequel permet dans chaque département à quiconque d'appeler le numéro 115 et de décrire sa situation pour demander une place d'hébergement. Censé être inconditionnel, l'hébergement est aujourd'hui de plus en plus contraint par le manque de places. D'après un décompte de l'UNICEF, près de 3 000 enfants restaient à la rue fin 2024. Les SIAO sont alors contraints de fixer des règles de priorité arbitraires : à certains endroits, une femme doit être enceinte de plus de sept mois pour être jugée prioritaire.

Parmi ces places, environ un tiers (32 %)[2] sont louées chaque soir dans des hôtels sociaux

1. Cour des comptes, *Les Relations entre l'État et les gestionnaires de structures d'hébergement*, octobre 2024.

2. Jolivet, François, « Annexe n° 6. Cohésion des territoires : Logement et hébergement d'urgence », *Rapport*

où les conditions d'accueil sont souvent très sommaires : une chambre partagée par l'ensemble de la famille et rarement de quoi préparer à manger. Dans de nombreux hôtels, l'hébergement n'est attribué que pour quelques jours et l'accompagnement social est minimal, voire inexistant, ce qui signifie qu'il est difficile pour une famille hébergée à l'hôtel d'espérer s'en sortir.

C'est ce qu'explique Djibi, 15 ans, avec ses mots d'enfant dans le film *Un jour ça ira*[1]. Ce jeune garçon sénégalais raconte son parcours à l'hôtel avant d'arriver dans le centre d'hébergement L'Archipel installé dans les anciens locaux de l'Institut national de la propriété industrielle (INPI), vacants depuis le déménagement de l'organisme : « Je transporte ma vie en valise, mais comme c'est lourd de déménager, j'ai appris à vivre léger. C'est ça, être un *serial* déménageur. »

Le reste du parc d'hébergement est constitué de différents types de centres qui vont des plus généralistes à des places spécialisées, par exemple

d'information sur la mission Hébergement Logement, Projet de Loi de Finances pour 2025, octobre 2024.

1. Zambeaux, Stan et Édouard, *Un jour ça ira* [documentaire], 2018.

pour femmes victimes de violences ou sortant de maternité.

De plus en plus, la politique de l'hébergement évolue vers l'ouverture de places très proches du logement social, où l'accompagnement se poursuit jusqu'à retrouver une totale autonomie. Les pensions de famille déjà évoquées s'inscrivent dans ce modèle.

Cela correspond à la philosophie dite du Logement d'abord, qui consiste, on l'a dit, à proposer directement un logement plutôt qu'une succession de centres d'hébergement. L'expérience montre que cela se révèle souvent moins cher et plus efficace pour retrouver l'autonomie. Ce type de prise en charge reste pourtant minoritaire en France parmi l'ensemble des places d'hébergement.

D'après une étude de la Drees menée en 2021 sur l'ensemble des structures d'hébergement, un tiers des personnes hébergées sont des enfants vivant avec leur famille, souvent une mère isolée. 42 % des personnes vivant en centre d'hébergement sont des hommes seuls[1].

1. Caruso, Anthony, « 200 000 personnes accueillies en centre d'hébergement début 2021. Premiers résultats de l'enquête ES-DS », *Les Dossiers de la Drees*, n° 113, 2023.

Un adulte sur dix est reconnu en situation de handicap[1].

L'ancienneté moyenne des personnes dans l'hébergement est de vingt mois : l'hébergement est donc globalement un temps long, nécessaire pour reconstruire un parcours administratif souvent complexe, coordonner les problématiques de santé, travailler l'accès à l'emploi et préparer la sortie vers le logement, sachant que la durée d'attente pour obtenir un logement social est souvent de plusieurs années. La durée d'hébergement est cependant très variable selon les types de centres et les personnes hébergées.

Une impasse politique

C'est bien là tout l'enjeu de l'hébergement d'urgence : l'objectif des travailleurs sociaux qui accompagnent les personnes hébergées consiste à les aider à redevenir autonomes et à sortir de l'hébergement. Mais comment faire lorsque entre 50 % et 60 % des personnes sont des étrangers extraeuropéens, dont une grande partie n'ont pas de papiers ? Ceux-ci n'ont en effet pas le droit d'accéder à l'emploi, ni au

1. *Ibid.*

logement, et n'ont d'autre perspective que d'attendre dans l'hébergement d'urgence une éventuelle régularisation.

Autrement dit, en refusant de régulariser ou a minima d'autoriser à travailler, notamment dans les secteurs en tension, plus de la moitié des personnes hébergées, l'État s'oblige à les maintenir dans des centres d'hébergement pour plusieurs années, parfois plus de dix ans. Pendant tout ce temps, elles alternent entre des hébergements plus ou moins stabilisés et la rue. Nombre d'entre elles développent des maladies psychiatriques à force de n'avoir aucune perspective.

À nouveau, l'objectif affiché est justement de tout faire pour ne pas faciliter leur insertion puisqu'elles auraient vocation à quitter le territoire. Mais, concrètement, ces reconduites à la frontière ne se font pas car elles sont diplomatiquement très complexes à organiser, le pays d'origine n'étant pas toujours enclin à délivrer un laissez-passer consulaire. Dès lors, quel sens cela a-t-il de refuser de reconnaître la situation actuelle comme une impasse à tout point de vue ?

Isabelle vient de Côte d'Ivoire. Elle a tout laissé pour venir en France et trouver une situation qui lui permettrait de vivre et de faire vivre sa famille. Ses proches se sont cotisés pour qu'elle parte. Elle a vécu à la rue, y a subi de nombreuses violences, comme toutes les femmes dans sa situation. Aujourd'hui, elle fait tout pour rembourser sa famille. Elle vit en centre d'hébergement depuis plusieurs années car elle n'a pas le choix. Après avoir eu des problèmes de santé, elle cherche à tout prix un travail. Car, même quand on n'a pas de papiers, on peut obtenir des contrats.

Souvent, il faut passer par un prête-nom qui prend un pourcentage du salaire. Qu'importe, elle veut travailler. Récemment, elle a trouvé un emploi dans un restaurant. Le propriétaire lui demande de faire une journée de 10 heures, mais en alternant une heure de travail et une heure de pause, ce qui a l'avantage – pour lui – d'obliger Isabelle à être toute la journée sur le lieu de travail, payée une heure sur deux. De tels arrangements mesquins sont assez classiques envers les sans-papiers qui n'ont aucune protection.

Isabelle est persuadée qu'elle parviendra à démontrer sa volonté d'intégration et à obtenir des papiers. Elle doit réussir pour elle-même, pour ses proches et surtout pour son fils. Elle n'a pas pu partir avec lui et ne l'a pas vu depuis quatorze ans. En l'évoquant, cette femme au caractère si joyeux fond en larmes.

Le parcours d'Isabelle est banal pour peu que l'on échange avec les personnes en centre d'hébergement. Il témoigne de la pression qui pèse sur elles et des situations de violence, de discrimination, de quasi-esclavage qui sont leur quotidien.

Alors oui, on peut faire croire à l'opinion que tous ces étrangers en situation irrégulière seront expulsés du jour au lendemain, même si cela n'a jamais été possible par le passé. On peut aussi prendre conscience du coût financier, social et humain des situations impossibles dans lesquelles tous ces gens sont plongés et qui aboutissent à fabriquer de la précarité dans des conditions indignes. Car il est indigne de les laisser attendre pendant des années alors qu'ils font tout pour s'intégrer et travailler.

C'est un échec de plus qu'il revient à l'hébergement d'urgence de pallier, et celui-ci est politique.

Addictions et précarité

Une invisibilisation des problèmes sociaux

Mohamed est né et a grandi au Maroc. Sa mère est décédée quand il était petit, sans doute d'une maladie. Le sujet est difficile à aborder. Et puis son père a rencontré une nouvelle femme et a décidé de se remarier. C'est une nouvelle vie qui commence, différente.

Très vite, Mohamed sent qu'il n'est pas le bienvenu dans cette famille. Certainement parce qu'il représente le passé de son père, il ne sait pas. Là encore, le sujet est difficile à aborder. Sa belle-mère est enceinte. Malgré son jeune âge, il a bien compris qu'il était de trop. Mohamed a 11 ans. Il passe ses journées sur les réseaux, qui lui permettent de s'évader, et entre alors en contact avec Ali, qui vit en France. Ali lui explique qu'en France il trouvera du travail et qu'il pourra vivre sa vie. Ali lui promet de l'aider et surtout de lui faire rencontrer ses amis, qui viennent aussi du Maroc. Quoi de mieux que de choisir sa famille, puisque la sienne le rejette ?

Le passage par l'Espagne n'est pas simple. Ali lui a donné les bons contacts et lui a avancé l'argent. La peur au ventre, Mohamed s'embarque sur un bateau pas très rassurant ; il ne sait pas nager. Par miracle, la traversée se passe bien. Mohamed est débrouillard et déterminé, il n'a de toute façon pas le choix : lorsqu'il regarde en arrière, personne ne l'attend. Il arrive à Paris et voit pour la première fois la tour Eiffel. Il ne quittera plus le Champ-de-Mars.

Ali l'accueille, le rassure et lui propose un réconfortant pour soulager l'anxiété. Pas facile d'être fort quand on est un enfant qui a tout laissé derrière lui. Le cachet lui fait du bien et Mohamed aimerait en avoir un autre. Ali lui en promet de nouveaux, mais il faut les mériter. Il lui indique un couple de touristes qui prend en photo la tour Eiffel. Sa mission est simple : voler le sac de la dame qui n'y fait pas trop attention. Une fois le larcin commis, Mohamed se sent fort, il existe. Et Ali lui donne immédiatement un cachet. Quel plaisir ! Mais quelle douleur lorsque l'anxiété revient, plus terrible encore.

Alors Mohamed continue ses missions, toujours plus audacieuses. Il a besoin de ses cachets et ne pense plus qu'à ça. Trop de souvenirs, trop de douleurs.

L'histoire de Mohamed est déchirante, mais très classique à nouveau. De nombreux jeunes sont pris dans ces réseaux et ont été appelés « les jeunes de la Goutte-d'Or », car il leur arrive souvent de rester dans ce quartier du 18ᵉ arrondissement[1]. Certains, comme Mohamed, ont pu bénéficier d'une prise en charge, d'abord par des maraudes, puis en centre d'hébergement, financé par l'Aide sociale à l'enfance, où l'accompagnement social est global, notamment en matière de gestion des addictions. Car ces jeunes sont particulièrement dépendants et déjà polyconsommateurs de cannabis, de médicaments détournés, d'alcool ou de tabac, entre autres.

Après plusieurs mois, certains jeunes ont fini par faire confiance à l'équipe sociale et ont accepté de parler, de raconter leur histoire, puis de donner des noms. Finalement, c'est tout un réseau de traite d'êtres humains qui a pu être

1. Couvelaire, Louise, « Face aux mineurs marocains isolés, toxicomanes et violents, Paris en appelle à l'État », *Le Monde*, 17 mai 2018.

démantelé[1]. Preuve, s'il en fallait, que les questions de santé et de sécurité publiques sont intimement liées et qu'il est beaucoup plus utile de les penser ensemble que de les opposer. Car ces jeunes sont des victimes.

Ils sont 17 comme Mohamed à avoir été recensés lors du procès grâce à l'action des travailleurs sociaux ; 12 jeunes ont accepté de témoigner et de se porter partie civile, malgré les menaces. Certains ont des séquelles médicales et psychiatriques lourdes, d'autres ont fui à l'étranger. L'un d'eux est mort à 17 ans d'un accident. Mohamed, qui n'a pas voulu témoigner, est en voie d'insertion.

Comprendre les ressorts des addictions

La question des addictions est probablement l'une des plus complexes dans le champ de la précarité, car elle renvoie à de nombreuses représentations, de nombreux préjugés, et ce d'autant plus que le sujet ne concerne pas que les personnes précaires, loin

1. Dryef, Zineb, « Derrière l'histoire des petits voleurs du Trocadéro, une affaire de traite d'êtres humains », *Le Monde*, 9 décembre 2023.

de là. Surtout, des quartiers entiers sont minés par les trafics, de sorte que c'est avant tout sous l'angle de la sécurité publique, voire exclusivement sous cet angle, que les drogues illicites sont évoquées.

Pour comprendre les addictions, l'approche classique est celle qui a été proposée par le professeur Olievenstein dans les années 1970. Dans cette approche, l'addiction résulte d'un croisement de plusieurs facteurs : l'individu, son milieu socioculturel et le produit. Autrement dit, n'importe qui ne tombe pas n'importe quand ni n'importe comment dans une addiction à n'importe quel produit. Faire le lien entre les conditions qui ont permis l'addiction et l'usage du produit est le principal travail des services médico-sociaux qui prennent en charge les personnes dépendantes.

Les motivations sont toujours très diverses derrière l'usage de drogues, mais l'addiction résulte malgré tout souvent d'une tentative de faire face à des expériences traumatiques ou à une rupture dans les relations importantes. Le milieu social, et en particulier la précarité, est le principal facteur conduisant à une addiction : il faut voir l'usage d'un produit comme une tentative d'oublier les difficultés du quotidien ou les violences d'un parcours d'errance.

Dans les centres de soins comme les communautés thérapeutiques, accueillant des personnes qui tentent d'arrêter durablement toute forme de consommation, ces dernières parviennent à s'exprimer sur leur histoire. On y retrouve des abus sexuels, des incestes, de la maltraitance physique et psychologique, des relations toxiques avec des parents ou des proches, des traumatismes vécus dans des parcours de migration.

Tous ces psychotraumatismes sont à l'origine d'une extrême souffrance que la consommation de psychotropes soulage un instant, même si elle induit par la suite une dépendance qui peut conduire à la précarité ou qui l'entretient. Les réseaux de domination, comme celui dans lequel le jeune Mohamed s'est trouvé piégé, où l'addiction sert à exercer une emprise, sont aussi très présents.

De plus en plus, aussi, des jeunes filles se trouvent entraînées dans des pratiques prostitutionnelles, dans un cercle vicieux où la consommation de produits permet d'oublier les souffrances liées au « sexe transactionnel », avant que ces relations sexuelles ne deviennent le moyen de se procurer le produit dont elles sont devenues dépendantes.

Partout, tout, tout le monde

Bien sûr, pour qu'il y ait addiction, il faut qu'il y ait un produit, ce qui fait souvent dire aux responsables politiques qu'il suffit d'éradiquer le produit pour venir à bout des drogues. La réflexion se trouve alors enfermée dans les enjeux de sécurité. La réalité est plus complexe.

D'abord parce que nous sommes littéralement inondés de drogues illicites et qu'il est illusoire de croire ou de faire croire qu'il est possible, un jour, d'en venir à bout. L'Agence européenne des drogues résume la problématique en trois mots : « Partout, tout, tout le monde. » En d'autres termes, les drogues illicites sont disponibles partout, tous les types de produits psychoactifs apparaissent sur le marché de la drogue, et tout le monde est concerné, soit directement en tant que consommateur, soit indirectement du fait de la criminalité qui en découle [1].

La cocaïne notamment est aujourd'hui massivement présente en France et en Europe, à tel point que le produit vendu est de plus en plus pur à prix équivalent, ce qui contribue à

1. European Union Drug Agency, *Understanding Europe's drug situation in 2024 – key developments*, European Drug Report, juin 2024.

renforcer la dépendance. Malgré les saisies spectaculaires, le prix du gramme de cocaïne varie très peu, voire baisse, signe de son extrême disponibilité : le gramme de cocaïne est passé de 60 euros en 2011 à 70 euros en 2018, avant de redescendre à 65 euros en 2022[1]. Cette grande disponibilité se traduit par un développement d'offres de marketing et de livraison et une hausse de la consommation.

Il faut par ailleurs garder à l'esprit que l'offre est multiple et changeante. Outre le cannabis, la cocaïne ou l'héroïne, la consommation de médicaments, comme le Skenan, qui est injecté à la place de l'héroïne, ou le Lyrica, qui est utilisé pour atténuer les effets de la descente après une consommation de cocaïne, est en forte hausse. Et de nouveaux produits voient sans cesse le jour.

Un marché de la souffrance

Autant dire que ce n'est pas la lutte contre les trafics qui permettra à elle seule de venir à bout du sujet. Car le marché est d'abord un marché

1. Site Internet de l'Observatoire français des drogues et des tendances addictives, « Cocaïne et crack – Synthèse des connaissances ».

de la souffrance : c'est elle qui crée la demande, laquelle se dirige en général ensuite vers l'offre la plus disponible. Pour lutter contre les drogues, il faut d'abord lutter contre la souffrance.

Sandrine a 49 ans. Elle vient de terminer un séjour dans une communauté thérapeutique, un centre où des consommateurs de tout type de drogues tentent d'arrêter durablement leur consommation, essentiellement grâce à des groupes de parole avec des personnes au parcours similaire, dont des membres de l'équipe qui animent ces sessions et qui ont été eux-mêmes dépendants.

« Je suis arrivée à la communauté thérapeutique début 2023. Ça a été compliqué au début. Je m'étais tellement détruite dans la conso que je n'arrivais plus à marcher ni discuter, j'oubliais ce que je voulais dire. J'étais terrifiée. J'avais les émotions gelées et plus confiance en personne. Aux réunions, je me cachais dans mon fauteuil. »

Et puis, un jour, avec l'appui du groupe et du *counselor*, le professionnel qui mène la discussion, c'est le déclic. « Les anciens avaient du *clean*, s'en sortaient, travaillaient. Je me suis dit : "Moi aussi, j'y ai droit. Je ne suis pas qu'une toxicomane !" Tout a commencé : participer, parler de moi, faire confiance. Ça s'est dégelé, j'ai rigolé, beaucoup pleuré, trouvé le contact avec mes émotions, ça m'a fait du bien. »

Sandrine a commencé à consommer à 14 ans. D'abord l'alcool, puis la cocaïne et le crack. « Je ne respectais plus rien ni personne, j'avais rejeté ma famille, je n'arrivais plus à m'occuper de mon fils. Je pensais que j'étais cette personne : une toxicomane, une prostituée, une méchante… Je croyais que je finirais avec la conso. Je pensais que j'avais du vice. Ici, j'ai appris que c'était une maladie. Je ne savais plus qui j'étais sans la conso. Ici, j'ai découvert une personne avec qui je n'avais jamais été en contact, et c'était moi. »

Aujourd'hui, elle a réussi à arrêter de consommer et comme de nombreux anciens dépendants, elle est capable de compter les jours de *clean*. Certains en sont à plus de 5 000 jours et continuent de compter, preuve s'il en est qu'il est extrêmement difficile de régler tous les problèmes qui conduisent à se réfugier dans un produit, mais que ce n'est pas impossible.

Pour y parvenir, Sandrine se raccroche notamment à sa famille. « Je vais avoir dix-sept mois de *clean*, c'est la première fois. J'arrive un peu à m'aimer. Ici, on ne fait pas qu'être *clean*, on se répare. J'ai recommencé à voir ma maman et mon fils. Je pensais que j'avais été une mauvaise mère. Il m'avait vue consommer, je m'étais prostituée, il avait eu honte que je sois sa mère. Il n'a pas de ressentiment ; il m'a dit que s'il avait réussi dans la vie, c'est aussi parce que je lui avais inculqué de bonnes valeurs. Il a vu qu'ici, il se passait des choses. Ça m'a fait beaucoup de bien qu'il vienne. »

De façon générale, les drogues deviennent problématiques dès lors qu'elles ne sont pas consommées pour ce qu'elles sont (une expérience modifiée de sa conscience, qui reste toutefois dangereuse dès la première utilisation), mais dans un but et un moyen détourné visant à maîtriser une souffrance physique ou psychique. Alors, la drogue devient la priorité, parfois devant la famille, le travail, la santé et les loisirs.

Si les effets des produits sont différents (dépresseurs, stimulants, hallucinogènes, entactogènes…), la situation pour une personne dépendante est la même : elle perd les moyens de s'arrêter elle-même de consommer et souffre de conséquences multiples sans parvenir seule à en sortir, d'où la nécessité d'un accompagnement et de soins pour l'y aider.

Il y a d'abord des problèmes somatiques directs (troubles respiratoires, troubles du système digestif, troubles cardiovasculaires, troubles neurologiques, troubles dermatologiques, troubles hépatiques, etc.) ou liés au comportement et à ses conséquences (prises de risques, dérèglements de l'humeur, violences...). Viennent ensuite les troubles psychiatriques (troubles dépressifs sévères, troubles anxieux induits, décompensation psychotique, schizophrénie, etc.) ou psychologiques (troubles neurocognitifs, troubles de l'humeur, troubles du comportement, dépressions, troubles de l'image de soi...).

Dans tous les cas, les consommations et l'expérience de la perte de contrôle abîment et, paradoxalement, précipitent encore un peu plus dans des consommations non régulables, de sorte que le lien entre dépendance aux drogues et précarité est très fort. Il faut parfois des mois à des équipes sociales pour convaincre une personne de se soigner, et encore des mois pour réaliser les démarches qui vont avec, comme le simple fait de refaire sa carte d'identité et sa carte Vitale. Car, chaque fois, les conditions de vie à la rue ou dans des logements précaires ne font que rendre plus difficile chaque étape et ralentissent encore l'entrée dans un parcours de soins.

Le zombie, nouvelle figure du sans-abri

Le crack est devenu emblématique aujourd'hui de ce lien entre addiction et précarité. Il s'agit d'un dérivé de la cocaïne à laquelle est ajoutée une « base » (par opposition à une substance acide), souvent de l'ammoniaque ou du bicarbonate de soude. Le résultat ressemble à un caillou. Moins cher que la cocaïne et aux effets rapides, le crack est devenu la « drogue du pauvre », au point de modifier la représentation du sans-abri : autrefois le « clochard » était un sans-abri vivant de la manche au coin de la rue. Aujourd'hui, l'image est celle du « zombie » sous l'emprise du crack.

En réalité, la consommation de crack ne fait que traduire la dureté de la vie à la rue. Car, au-delà d'être peu chère, cette substance n'est ni plus ni moins qu'un stimulant, qui a l'avantage de couper la faim et permet de tenir éveillé la nuit – et ainsi d'éviter de se faire voler ses affaires en s'assoupissant trop longtemps – ou d'échapper aux violences de la rue. La vulnérabilité des personnes qui y vivent pousse à adopter des stratégies d'évitement de toutes sortes. Consommer du crack peut en faire partie, tant pour le « kif » momentané, si intense qu'il force à recommencer, que pour se tenir éveillé. De ce point de vue, le consommateur, souvent déshumanisé par les images qu'on fait de lui, est avant tout une personne en quête de survie.

Souvent, les consommateurs utilisent plusieurs produits simultanément, parfois pour mieux atténuer la redescente, parfois pour augmenter les effets. Dans tous les centres de prise en charge, on constate une polyconsommation, en particulier d'alcool, de tabac et de cannabis, en plus de la cocaïne ou du crack, des opiacés et de plus en plus de médicaments détournés. Le sujet est alors d'autant plus difficile à traiter que, dans les échanges avec les usagers, l'ensemble de ces consommations n'est pas toujours bien identifié, le produit principal prenant toute la place dans l'esprit du consommateur qui considère comme normal l'usage du ou des produits secondaires.

C'est la raison pour laquelle il paraît difficile de résoudre la question des drogues en s'attaquant à un produit en particulier, notamment le cannabis ou la cocaïne : il y aura toujours un produit nouveau pour prendre le relais ou des usages détournés. La crise des opioïdes aux États-Unis, avec l'usage notamment du fentanyl, en est la preuve : ce produit antidouleur prescrit à l'origine par les médecins a plongé le pays dans un véritable drame sanitaire et social. Si le fentanyl est peu présent en France, d'autres médicaments aux propriétés psychotropes font l'objet de consommation détournée. C'est bien là la limite du « combat contre les drogues ».

Pour sortir durablement d'une addiction, il faut que la personne soit volontaire

Face à ces enjeux, la plus grande difficulté est de parvenir à un consensus dans le débat public. Car le sujet est complexe, et les solutions d'apparence simple, qui consistent à forcer à arrêter de consommer, ont une efficacité toute relative : si l'on imagine que l'addiction est un couvercle que l'on pose sur tous ses problèmes, forcer à retirer le couvercle en arrêtant de consommer fera ressortir des problèmes non résolus, de sorte que le premier réflexe, naturel et humain, sera de remettre le couvercle à la première occasion, c'est-à-dire de reconsommer.

En réalité, addictions et précarité sont intimement liées et s'entraînent souvent mutuellement. L'une des manières les plus efficaces pour lutter contre les addictions est ainsi de lutter contre la précarité. Cela nécessite du temps, et cela ne peut se faire que si la personne concernée est volontaire.

Cela signifie-t-il qu'une personne trop dépendante pour pouvoir exprimer une volonté de se soigner n'aurait aucun moyen de s'en sortir ? Certainement pas. Depuis 2015, un programme, Assore, a été développé, qui consiste à héberger à l'hôtel des consommateurs de crack sans abri, sans autre objectif que de les sortir de la rue et de faire en sorte qu'ils réussissent à tenir dans leur hébergement. Autrement dit, avant de traiter l'addiction, traitons la précarité via l'hébergement. Une étude réalisée par les Hospices civils de Lyon a montré que cela suffisait pour que 80 % d'entre eux réduisent leur consommation et 19 % l'arrêtent[1]. En clair, il est toujours possible d'aider les personnes à s'en sortir.

---

1. Dieudonné, Maël et al., *Évaluation du dispositif Assore*, rapport du Pôle de santé publique des Hospices civils de Lyon, 2022.

De nombreux autres programmes sont mis en œuvre par les autorités locales et démontrent leurs effets : des accueils de jour spécialisés travaillent sur la précarité en général et commencent par offrir la possibilité de prendre une douche et de voir un infirmier pour soigner une plaie, avant de parler de la drogue. L'Agence régionale de santé (ARS) d'Île-de-France coordonne depuis 2022 la possibilité d'organiser des séjours de rupture, qui permettent de s'éloigner de la zone habituelle de consommation. Des places spécialisées ont été créées dans des hôpitaux psychiatriques pour traiter conjointement les addictions et les problématiques de santé mentale… C'est ainsi tout un « plan crack » qui a été déployé par la préfecture et l'ARS d'Île-de-France, en lien avec la ville de Paris[1].

Ce qui fonctionne le mieux, c'est la création de liens de confiance entre la personne dépendante et des équipes pluridisciplinaires pour mettre à distance les consommations. Retrouver progressivement des plaisirs et des sensations en dehors du produit, voilà l'objectif principal pour pouvoir établir n'importe quel dialogue avec un

1. Voir l'état des lieux du plan crack : « Lutte contre la consommation de crack en Île-de-France », ARS Île-de-France, 3 février 2025.

patient et aller vers la diminution de la consommation compulsive. Ceci s'obtient par l'introduction de l'hébergement, d'espaces de repos, de moments de détente, de thérapies corporelles, etc. Mais toutes ces approches prennent du temps.

Dans un « espace de repos » près de la porte de la Chapelle, lieu historique de consommation de crack dans le nord-est parisien, une expérience simple a été réalisée. Elle consiste à demander à chacun de se peser en arrivant. Souvent, les consommateurs réalisent alors qu'ils ont perdu énormément de poids, leur consommation ayant pris le pas sur leur vie et leur santé jusqu'à se dénutrir. Un déclic parmi d'autres qui permet de démarrer une discussion, puis d'aller vers le soin. Toutes ces stratégies permettent de rendre la personne volontaire pour s'en sortir, et même si cela peut prendre du temps, c'est la meilleure garantie pour une amélioration durable de sa santé.

La nécessité d'un véritable débat démocratique

Malgré les résultats obtenus, les niveaux de consommation et de précarité sont tels que ces méthodes n'emportent pas l'adhésion d'une grande partie de la population : comment comprendre que l'on offre des espaces de détente à des consommateurs, alors que ces derniers font du bruit dans la rue et génèrent des nuisances de voisinage insupportables ? On touche là à la difficulté à se comprendre en société, face à une problématique complexe qui ne peut se résoudre qu'en s'écoutant.

Les riverains de scènes de consommation importantes, dans le nord-est parisien mais aussi dans de nombreuses agglomérations où des rassemblements de consommateurs existent, sont légitimement excédés. Ceux qui habitent dans des quartiers minés par le trafic n'attendent qu'une seule chose : vivre en toute tranquillité. Dès lors, la demande d'une réponse sécuritaire et d'ordre public est très forte, au point de remettre en cause les programmes de santé publique dans certains discours [1].

1. Le 26 février 2024, la secrétaire d'État à la Citoyenneté a vivement critiqué les programmes d'échange de seringue qui ont sauvé des milliers de vies depuis près de quarante ans en évitant la transmission de maladies telles que le VIH. Voir notamment le communiqué de presse de la Société française de santé publique, *Réduction des risques liés aux drogues : les tristes confusions d'une secrétaire d'État*, 29 février 2024.

Bien sûr, la lutte contre le trafic de drogue et contre le crime organisé est indispensable pour éviter que certains quartiers deviennent des zones de non-droit. Mais, pour toutes les raisons déjà évoquées, faire croire à l'opinion qu'on parviendra à résoudre le problème en réalisant des saisies de taille XXL alors que le pays est inondé de produits psychotropes divers, ou en distribuant des injonctions de soin dont l'efficacité à moyen terme ne peut être que limitée selon les publics concernés, c'est faire des promesses intenables. Et cela ne peut que conduire à décrédibiliser l'action publique et à radicaliser davantage l'opinion, en ne permettant pas de réaliser de véritables progrès, ni en termes de sécurité publique, ni en termes de santé publique.

Pourtant, des actions permettraient d'avancer. D'abord en agissant davantage en matière de prévention à travers un discours clair sur les effets des drogues. Car, parfois, l'enjeu n'est pas uniquement de prévenir mais aussi de ne pas promouvoir : la publicité, très présente pour l'alcool, qui est aussi une drogue, reposant sur un discours relativement conciliant, mériterait d'être repensée. Les jeux de hasard, notamment les paris sportifs, bénéficient aussi d'une publicité élaborée, souvent destinée à la jeunesse et qui mériterait également qu'on y réfléchisse.

La prévention doit par ailleurs non seulement travailler à éviter l'entrée dans les consommations, mais aussi s'adresser à des personnes qui consomment déjà des produits ou qui y sont confrontés à longueur de journée. C'est ce que l'on appelle la réduction des risques, qui vise à ce que l'addiction ne vienne pas s'ajouter à d'autres maladies (VIH, hépatite, etc.), tout en incitant à adhérer au soin. Car, encore une fois, en matière d'addiction, le fait d'être volontaire pour une prise en charge est essentiel.

Mais l'enjeu reste autant la consommation de drogue que les conditions qui mènent à la dépendance aux produits. Dès lors, à côté de la prévention, une réflexion plus large sur la précarité, la stigmatisation des personnes dépendantes, la santé mentale ou tous les types d'exclusion aurait des effets tout aussi importants sur les consommateurs les plus précaires et permettrait d'améliorer l'ordre public.

À ce sujet, de nombreux pays étrangers ont su développer des espaces où la consommation est autorisée mais supervisée, qui permettent d'éviter les scènes de consommation de rue terribles pour les riverains et dramatiques pour les consommateurs. Il en existe plus de 150 dans

16 pays. Il n'en existe que deux en France, dont une seule à Paris, alors que Berlin en compte sept. Tous les projets récents, à Lille ou à Marseille, ont été abandonnés sous la pression de l'opposition locale ou nationale, alors que l'effet de ces salles sur la tranquillité publique est démontré[1].

Au-delà de ces questions de prévention, il est évidemment nécessaire de construire un parcours menant à l'arrêt des consommations, qui passe par différents dispositifs de soins adaptés au profil des personnes concernées. La France se distingue là encore par le faible nombre de structures déployant les thérapies de groupe, comme la méthode dite « Minnesota », qui repose sur les principes d'abstinence et sur le soutien par les pairs. Il existe des centaines de structures de ce type dans les pays anglo-saxons notamment, mais seulement 12 en France. La plus ancienne, située dans l'Aisne, à Bucy-le-Long, a été créée par Kate Berry en 1994 et continue d'accueillir

1. Un rapport des inspections des affaires sociales et de l'administration a été rédigé en 2024 mais non publié. Sa synthèse est néanmoins disponible dans cet article : Battaglia, Mattea et Stromboni, Camille, « Drogues : un rapport des inspections valide l'expérimentation des "salles de shoot" », *Le Monde*, 18 novembre 2024.

chaque jour une trentaine de personnes qui admettent que « Bucy leur a sauvé la vie[1] ».

Toutes ces solutions sont connues mais nécessitent encore un très large débat démocratique avant d'être comprises et acceptées. C'est à la capacité de mener ce débat que l'on pourra reconnaître celle du pays à fabriquer de la fraternité, au lieu de laisser les drogues continuer à fabriquer de la précarité.

1. Voir la vidéo de la chanson *Debussy*, créée par Willie Schwartz et Thomas Creveuil, anciens résidents de Bucy-le-Long, qui témoigne de leur séjour dans ce centre appelé « le château des émotions », disponible sur YouTube : https://www.youtube.com/watch?v=Wu2wMVd6kQo.

Jeunesse en danger

Une bombe à retardement pour l'avenir

Lorsqu'on lui demande pourquoi elle est venue dans ce lieu d'accueil, Inès prend un papier et formule son histoire avec sa plus belle écriture : « Mes parents se sont séparés quand j'avais 2 ans. Ma mère me frappait énormément quand j'étais petite. Je me suis fait harceler durant toute la primaire, ce qui m'a fait développer une phobie scolaire et sociale. À mon entrée au collège, je suis entrée en dépression et j'ai continué à me faire harceler. Après avoir eu mon brevet, je voulais aller en Art, mais j'ai terminé en Commerce. Au début de la seconde, j'ai commencé à beaucoup fumer et à avoir de mauvaises fréquentations et je me suis déscolarisée en première. J'ai commencé à voir des psychologues à l'âge de 6 ans et de façon régulière au collège. Et j'ai commencé à avoir un suivi psychologique au lycée avec un psychiatre. »

C'est un an après sa déscolarisation qu'Inès est prise en charge dans un Contrat d'engagement jeune, au sein d'un programme dédié aux « Jeunes en rupture », un dispositif qui propose un accompagnement spécifique à des jeunes souvent déscolarisés et fragilisés par des parcours de vie chaotiques. La jeune femme y rencontre l'équipe encadrante : une éducatrice et deux pair-aidants, des personnes dont la trajectoire a été relativement similaire à la sienne. L'accompagnement prend forme autour de ses besoins et de ses demandes et non pas l'inverse. Pour une fois, Inès peut enlever le « masque » qu'elle avait l'habitude de porter à force d'être incomprise. Ce dispositif lui a permis d'accomplir des progrès considérables, à son rythme, sur le chemin vers l'autonomie.

Un enjeu de société préoccupant

Les jeunes sont sans doute l'un des publics les plus connus et les plus décrits comme un enjeu de société. Car tout le monde comprend qu'un jeune mal inséré dans la vie active rencontrera probablement des difficultés durant une grande partie de son existence. D'une certaine manière, la meilleure des politiques sociales de prévention consiste à garantir un avenir à tous les jeunes.

Malheureusement, certains d'entre eux se retrouvent aux marges de la société dès l'adolescence et ont de forts risques d'y rester. Les statistiques les appellent des « décrocheurs », ou des « NEET[1] ». Ainsi, ceux considérés comme sortis de façon précoce du système scolaire représentaient 7,8 % des jeunes de 18 à 24 ans en France en 2022. Un taux en nette baisse depuis quinze ans puisqu'ils étaient 11,2 % en 2006 selon l'Insee[2].

Mais la France reste à la treizième position parmi les pays de l'Union européenne, soit en milieu de tableau. Concernant les jeunes ni en emploi, ni à l'école, ni en formation, ils étaient 12,3 % de la tranche 15 à 29 ans en France en 2023, là où la moyenne européenne s'établissait à 11,2 %[3]. Par ailleurs, ceux qui cherchent un emploi restent souvent dans l'incapacité d'en trouver un : en 2023, 17,2 % des jeunes de 15-

1. *Neither in Employment, Education or Training.*

2. Insee, *Les nouveaux indicateurs de richesse – Indicateurs statistiques [Chiffres détaillés]*, janvier 2025.

3. Eurostat, « Statistics on Young People Neither in Employment Nor in Education or Training », Statistics Explained, mai 2024.

24 ans étaient au chômage, contre 6,7 % chez les 25-49 ans et 5,1 % chez les 50 ans ou plus.

La question de l'insertion des jeunes dans la vie adulte reste donc préoccupante en France et pèse lourdement sur l'avenir du pays. C'est d'autant plus le cas lorsque ces jeunes sont particulièrement vulnérables et développent de forts mécanismes de marginalisation. Ils sont, pour la plupart, perdus, fragilisés, refusés partout, en détresse, seuls et craignent le regard des autres.

Les carences éducatives et affectives au sein de la cellule familiale conduisent à des difficultés d'intégration sociale importantes. Manque de repères éducatifs, violence familiale et isolement impactent tous les aspects de leur vie. Lorsque l'école devient un lieu de harcèlement scolaire amplifié par les réseaux sociaux, elle conduit davantage au repli sur soi qu'à l'ouverture sur le monde, ce qui favorise la perte de confiance et de rythme de vie.

Souvent, la précarité est déjà présente dans le foyer. Certains jeunes rencontrés dans les structures d'accueil ont des conditions d'habitation précaires et insalubres, ou surpeuplées avec peu d'intimité. D'autres fuient un foyer où ils subissent des violences ou du rejet et se retrouvent alors à la rue, hébergés par des tiers ou en squat, et parfois en famille d'accueil.

D'autres enfin ont quitté leur pays seuls pour essayer de se trouver un avenir : ce sont ceux que l'on appelle des mineurs non accompagnés. Ces jeunes cumulent des traumatismes souvent liés aux raisons les ayant conduits à quitter leur pays et au parcours migratoire dont on ne sort que très rarement indemne. Lorsqu'il est possible, leur accueil au sein des structures de l'Aide sociale à l'enfance peut s'avérer bénéfique, permettant un suivi et un accompagnement grâce au soutien d'adultes référents.

Quand leur minorité n'est pas reconnue, souvent à partir de tests osseux à la fiabilité contestable[1], ils se retrouvent isolés et contraints de vivre à la rue. C'est le cas d'Alpha, arrivé en France à l'âge de 17 ans. Les persécutions subies au sein de sa famille l'ont poussé à emprunter le chemin de l'exil, qui le marque dans son esprit et dans sa chair. Trop grand, il n'est pas reconnu mineur à son arrivée en France et enchaîne les squats et campements de rue.

Les blessures physiques et psychologiques s'accentuent. Alpha rencontre les équipes d'une maraude spécialisée dans la prise en charge des

1. Avis du 23 janvier 2014 du Haut Conseil de la santé publique relatif à l'évaluation de la minorité d'un jeune étranger isolé.

jeunes. Un lien se noue, il accepte l'aide qu'on lui propose vers le soin, l'hébergement et la demande d'une protection subsidiaire, et est projeté dans la vie d'adulte. Petit à petit, Alpha se confie sur sa consommation de cannabis pour réussir à se reposer et soulager son anxiété. Un remède temporaire pour rendre plus acceptable sa situation et les séquelles de son passé.

Santé fragile et précarité des jeunes se cumulent

L'une des conséquences majeures de l'isolement porte sur la santé, dans toutes les dimensions que cela recouvre. Les pratiques à risque sont très répandues. De nombreux jeunes comme Alpha, qu'ils soient étrangers ou non, rencontrés dans les dispositifs d'accueil, ont déjà des problèmes d'addictions : drogues, alcool, jeux en réseaux, et les cumulent parfois. Certains jeunes présentent des pratiques sexuelles à risque et de plus en plus de jeunes filles pratiquent le michetonnage, c'est-à-dire la prostitution pour des mineures, qui semble avoir doublé ces dernières années[1].

1. Voir notamment le rapport Taquet : *Rapport du groupe de travail sur la prostitution des mineurs*, ministère

Les problématiques de santé interviennent aussi dès lors que le manque de soin et d'hygiène s'ajoute à l'isolement. Dans certains dispositifs d'accueil dédiés, les jeunes rencontrés n'ont aucun bagage éducatif leur donnant un minimum d'autonomie pour prendre soin d'eux et n'ont jamais entendu parler de visite médicale.

Une partie de ces jeunes est aussi touchée par des troubles psychologiques et psychiatriques, stabilisés ou non. La dépression, les angoisses, des problèmes de harcèlement et de phobie scolaire sont très présents. Certains jeunes s'infligent parfois des actes d'automutilation, voire commettent des tentatives de suicide.

Une étude réalisée par la Direction de la recherche, des études, de l'évaluation et des statistiques (Drees) chez les jeunes filles de 10 à 24 ans a montré que le taux d'hospitalisation en psychiatrie a progressé de 246 % pour les 10-14 ans, 163 % pour les 15-19 ans et 106 % pour les 20-24 ans sur la période 2020-2022 par rapport aux mêmes tranches d'âge sur la période 2010-2019, sachant que l'on n'observe

---

du Travail, de la Santé, des Solidarités et des Familles, juin 2021.

pas une hausse similaire sur les tranches d'âge plus élevées[1].

Enfin, toujours en matière de santé, de nombreux jeunes rencontrent des difficultés liées à des problématiques de handicap, qui sont peu diagnostiquées, ou, quand elles le sont, n'ont pas nécessairement conduit vers une orientation dans une structure spécialisée. Dès lors, lorsque les parents n'ont pas les moyens ou la stabilité nécessaires pour accompagner leur enfant, le décrochage est rapide.

Que faire quand on démarre mal dans la vie ?

Marina est hébergée dans l'un des rares centres d'hébergement et de réinsertion sociale dédié aux femmes sortant de prison. Elle vient d'avoir 19 ans mais n'a personne avec qui les fêter. En prison, les liens se distendent. Elle a écopé d'une peine de quelques mois et vient de faire l'objet d'un aménagement de peine sous la forme d'un « placement extérieur ».

---

1. Hazo, Jean-Baptiste et al., « Hospitalisations pour gestes auto-infligés : une progression inédite chez les adolescentes et les jeunes femmes en 2021 et 2022 », *Études et résultats*, Drees, nº 1300, mai 2024.

Concrètement, elle est encore considérée comme incarcérée et doit respecter des horaires stricts de présence dans son centre d'hébergement. Tout cela l'agace profondément mais elle s'efforce de respecter les consignes pour ne pas être enfermée à nouveau.

Depuis toujours, Marina gagne plutôt bien sa vie en contribuant au réseau local de trafic de drogue. Elle est fière d'être indépendante et d'être sortie de chez son père qu'elle déteste. Violent et toujours à trouver le moyen de la rabaisser. Parfois, elle s'ennuie à guetter pendant des heures, mais elle gagne déjà de quoi s'acheter ses vêtements, son téléphone et tout ce que son père n'a jamais voulu – ou jamais pu, elle n'en sait rien – lui offrir.

Elle s'est fait prendre après une descente de police qui a mal tourné. Dans son centre d'hébergement, elle se retrouve avec des tas de femmes comme elle. Il y en a qui ont été condamnées à des années de prison, ça la fait réfléchir. Mais que va-t-elle faire de sa vie ? Elle n'en sait rien. Son travailleur social référent fait tout ce qu'il peut pour la convaincre de travailler. Selon elle, il veut lui faire croire qu'elle sera heureuse au Smic dans un métier pénible où son patron risque de la mépriser comme son père, alors qu'avant elle gagnait des milliers d'euros et se faisait respecter.

Des jeunes comme Marina, toutes les structures d'accompagnement en connaissent. Les aider est particulièrement difficile car leurs références sont totalement biaisées et il faut réussir à leur construire un avenir désirable quand aucun repère dans leur court passé ne rend ces perspectives crédibles.

Heureusement, les efforts des travailleurs sociaux ne sont pas vains et la réinsertion est toujours possible, dès lors que le temps suffisant est donné pour y parvenir. Car il faut tout reconstruire : la relation à l'autre, le lien familial, les formations, le travail et le rapport à l'argent.

Marina est tout juste majeure et a pu bénéficier d'un tel accompagnement. Mais de nombreux mineurs sont condamnés chaque année. La France est d'ailleurs l'un des quatre pays européens qui condamne le plus de mineurs : 317 mineurs pour 100 000 habitants ont été condamnés en 2021 d'après les chiffres d'Eurostat, c'est moins que le Luxembourg (429), la Finlande (339) ou le Danemark (320), mais plus que tous les autres pays de l'Union européenne.

La réponse pénale est passée en France d'environ 60 % dans les années 1990 à plus de 90 % dans les années 2010-2020[1]. Parmi ces jeunes, 9 sur 10 sont des garçons et la part des 13-16 ans est d'environ 20 %. Les jeunes ayant une reconnaissance de handicap sont surreprésentés par rapport à la population générale du même âge (20-25 % vs 9 %). Trois quarts de ces jeunes avaient au moins un antécédent familial de trouble psychique et plus de la moitié des maltraitances avérées dans leur histoire infantile[2].

Il est donc difficile de dissocier la question de la réponse pénale de celle de la précarité. D'ailleurs, un article montre bien que le facteur le plus important pour que le jeune prenne de la distance avec les actes de délinquance reste le fait de grandir et de trouver un travail stable[3].

---

1. Voir Chevalier, Pascal, *Les Chiffres clés de la Justice*, édition 2022, ministère de la Justice, octobre 2022.

2. Chatagner, Alexandra et al., « Adolescents reçus en urgence en psychiatrie infanto-juvénile. Qui sont-ils ? Quel est leur parcours ? Quel suivi social et/ou judiciaire ? », *Neuropsychiatrie de l'enfance et de l'adolescence*, vol. 63(2), 2015, p. 124-32.

3. Blot, Séverine et al., « Quel accompagnement pour les adolescents et jeunes adultes suivis à la protection

Autrement dit, la meilleure réponse est celle de l'insertion sociale.

Un « coup de pied au cul » comme solution ?

Penser qu'il faudrait un bon « coup de pied au cul » de ces jeunes pour qu'ils aillent mieux est l'une des diverses manifestations de la volonté aujourd'hui répandue de rendre les personnes fragiles responsables de leur propre situation pour mieux les invisibiliser.

Comme le montrent les parcours des jeunes ci-dessus, tous ceux rencontrés dans les accueils de jour dédiés ou les missions locales ont avant tout de très nombreux freins à lever : troubles des apprentissages, problématiques familiales lourdes, harcèlement scolaire, phobie sociale ou scolaire, addictions (jeux vidéo, cannabis, alcool), handicap, vie à la rue ou en hébergement insalubre, suivis avec la justice. Toute la question est de savoir si la société souhaite se donner une chance de les rattraper à travers un accompagnement social adapté. À défaut, la société, une fois de plus, *fabrique* de la précarité.

---

judiciaire de la jeunesse ? », *L'Évolution psychiatrique*, vol. 88(1), 2023, p. 135-149.

Différents dispositifs existent pour prendre en charge ces jeunes. Le principal relève des missions locales, qui existent depuis 1982 et sont pilotées à la fois par l'État et les collectivités locales. Elles distribuaient la Garantie jeune, devenue le Contrat d'engagement jeune, qui permet de proposer un accompagnement aux moins de 25 ans en difficulté, principalement vers la formation, ouvrant droit à une allocation. Pour lever les freins trop nombreux de certains d'entre eux, l'État a créé en 2022 un Contrat d'engagement jeune spécifique pour les jeunes en rupture (CEJ-JR). Il finance à la fois des équipes mobiles qui vont repérer les plus fragiles et les plus éloignés de l'emploi, qui souvent ne sont pas sortis de leur chambre depuis plusieurs mois, et des lieux d'accueil qui leur permettent, comme à Inès, de reprendre confiance en eux en participant à des ateliers individuels ou collectifs encadrés par des éducateurs.

Malheureusement, le dispositif a été pensé de manière très restrictive : pour être considéré comme « en rupture », un jeune ne doit avoir été rencontré par aucune institution pendant au moins cinq mois. Ainsi, s'il s'est rendu dans une mission locale, mais s'y trouve en situation d'échec car l'accompagnement y est insuffisant au regard de ses difficultés, il lui faudra attendre cinq mois pour bénéficier d'un accompagnement renforcé… Un an après sa création, près de 6 500 jeunes ont été repérés, mais seulement 1 400 avaient pu signer leur contrat pour bénéficier du CEJ-JR : c'est à la fois la démonstration de la difficulté à rencontrer les bénéficiaires potentiels lorsqu'ils sont peu visibles, et de la complexité des restrictions, trop nombreuses, à l'entrée de ce dispositif[1].

Moins de trois ans après sa création, le CEJ-JR a été abandonné et refondu au sein d'un programme très large de « remobilisation », sans réelle spécificité liée aux jeunes[2], alors qu'il avait le mérite de répondre à un vrai besoin, mais souffrait de défauts de conception.

Dans le même temps, la réponse d'ordre public se renforce. Dans le Val-d'Oise, plusieurs expulsions de logements sociaux ont été

1. Abou Al Khair, Catherine pour Localtis, « Contrat d'engagement "jeunes en rupture" : la difficile quête des publics », Banque des territoires, 17 octobre 2023.

2. « Repérer et remobiliser les publics éloignés de l'emploi. Appel à manifestation d'intérêt », ministère du Travail, de la Santé, des Solidarités et des Familles, juillet 2024.

prononcées en 2023 pour les parents de jeunes délinquants.

Ainsi, une fois de plus, l'accent est mis sur le renforcement de la réponse sécuritaire, utile à bien des égards pour garantir un équilibre dans la société, mais qui ne peut pas, seule, résoudre le problème de fond. Ce problème, c'est celui d'Inès, d'Alpha, de Marina et de nombreux jeunes : trouver leur place dans une société qui leur répète chaque jour qu'elle ne veut pas d'eux.

Les pauvres sont-ils des assistés ?

« Ça me prenait vraiment la tête de ne rien faire, les journées sont longues, c'était infernal », raconte René, résident en pension de famille. Aujourd'hui, il a enfin trouvé un travail et se sent utile. Il montre fièrement les clés de son logement : après des années de vie à la rue, il est désormais de nouveau autonome.

S'il y a un préjugé qui reste particulièrement, c'est qu'il suffirait de se forcer à travailler pour sortir de la précarité. En d'autres termes, les personnes précaires sont avant tout responsables de leur situation, qui est, en quelque sorte, un choix de leur part. Une fois de plus, ce discours renvoie les plus fragiles à leur unique responsabilité individuelle et occulte les freins à l'emploi créés par la société elle-même.

L'offre et la demande d'emploi

Pourtant, la grande majorité des personnes précaires rencontrées dans les centres d'hébergement ne demandent qu'une chose : avoir un travail qui leur permettrait d'être autonomes, d'accéder au logement et, surtout, de se sentir incluses dans la société. Certaines acceptent pour cela des conditions de travail particulièrement dures, avec des temps de transport extrêmement longs et souvent des horaires décalés, surtout pour celles qui entretiennent les bureaux et doivent démarrer très tôt le matin ou finir très tard le soir.

La Dares (Direction statistique du ministère du Travail) suit chaque trimestre le nombre d'emplois vacants dans les entreprises. Au troisième trimestre 2024, elle l'évalue à 2,5 % du total des emplois du secteur privé, soit environ 505 000 emplois vacants, en baisse de 6 % par rapport au trimestre précédent[1].

En parallèle, on dénombre environ 9,1 millions de personnes pauvres (c'est-à-dire vivant avec moins de 60 % du revenu médian). Toutes ne travaillent pas : certaines sont inactives

1. *Les Emplois vacants*, données trimestrielles et nationales de la Dares, 16 décembre 2024.

(mineurs, étudiants, retraités). D'après l'Insee, parmi ces 9,1 millions de personnes considérées comme pauvres, 714 000 personnes sont au chômage en 2022[1]. Il y a donc 1,5 fois plus de personnes précaires à la recherche d'un emploi que d'emplois vacants.

Autrement dit, sans même considérer que certains emplois vacants sont destinés à des personnes qualifiées et sont probablement peu ouverts aux personnes précaires, et sans même regarder la géographie des emplois vacants d'un côté et des bassins de vie d'un autre, il apparaît assez clairement qu'il n'est pas si simple de considérer qu'il suffit de tendre le bras pour cueillir un emploi : il n'y en a tout simplement pas assez.

Une autre manière de le voir consiste à regarder les chiffres du chômage. La moitié des demandeurs d'emploi n'ont pas le baccalauréat, et 75 % l'ont tout juste en poche. Le chômage concerne donc avant tout les personnes peu qualifiées : sont-elles au chômage parce qu'elles ne veulent pas travailler ou parce qu'elles manquent des qualifications nécessaires ?

---

1. Mainaud, Thierry, Raynaud, Émilie et Roussel, Philippe (coord.) et al., *France, portrait social*, Insee Références, 2024.

Des efforts conséquents ont été réalisés ces dernières années pour faciliter l'accès à la formation professionnelle. Mais l'accès à une formation est-il le seul frein qui empêche les personnes précaires d'accéder à un emploi ?

De nombreux freins à l'emploi

Les questions de mobilité peuvent être un sujet bloquant. D'après la Cour des comptes, les problèmes de mobilité concernent 14 % des bénéficiaires du RSA qui cherchent un travail[1]. Dans certains territoires, il est tout simplement impossible d'aller sur son lieu de travail sans avoir une voiture. Il faut donc déjà payer l'essence, ce qui peut rapidement grever un budget étriqué. Mais il faut aussi passer le contrôle technique avec un véhicule vieillissant et mal entretenu faute de moyens pour le faire : s'il ne passe pas, il sera impossible de payer les réparations de la voiture et donc de se rendre au travail.

C'est la réalité de nombreuses personnes vivant dans les territoires ruraux et pour qui la

1. BVA pour la Cour des comptes, *Évaluation du dispositif du RSA*, note de synthèse, avril 2021.

mobilité est une question de survie. Des garages solidaires ont vu le jour pour remédier à cette problématique : selon les formules, ils permettent soit de bénéficier de réparations à tarifs subventionnés, soit de louer le banc de réparation pour les effectuer seul. Dans le Cantal, un tel garage a été créé en 2021 et a permis en trois ans de réaliser 10 000 réparations pour des personnes dont le revenu est particulièrement bas, qui, sans ce dispositif, auraient été incapables de se déplacer pour travailler.

La question du logement est également essentielle. Comment demander à une personne dormant dans la rue d'être à l'heure au travail avec les idées suffisamment claires pour tenir dans son emploi ? Sans aller jusqu'à ceux qui n'ont aucun toit pour vivre, le lien entre le mal-logement et la difficulté de trouver un emploi est très clair : sur des données de 2013, le taux de chômage des individus vivant dans un logement suroccupé était de 8 points supérieur à celui des individus résidant dans un logement à l'occupation « normale ».

De la même façon, le taux de chômage des individus exposés au bruit et à l'humidité est supérieur de plus de 4 points au taux de chômage des individus non exposés à ces composantes du mal-logement[1].

Le handicap est enfin un frein majeur. Les problèmes de santé, de handicap ou d'invalidité sont ainsi le premier problème (26 %) à être cité par les bénéficiaires du RSA comme frein au fait de retrouver un emploi[2]. D'après France Stratégie, environ 14 % des personnes en âge de travailler ont un handicap, lequel n'est pas toujours reconnu, et leur taux de chômage est environ deux fois supérieur à la moyenne[3]. De fait, dans de nombreux dispositifs d'insertion à l'emploi, que ce soit pour des bénéficiaires du RSA ou dans des programmes d'accompagnement dans l'emploi, les personnes présentant un handicap sont surreprésentées. Ainsi, dans le programme « Territoire zéro chômeur », qui vise les chômeurs de longue durée, 24 % des employés

1. Madec, Pierre, « Quelle mesure du coût économique et social du mal-logement ? », *Revue de l'OFCE*, nº 146(2), 2016, p. 125-155.

2. BVA pour la Cour des comptes, *Évaluation du dispositif du RSA*, *op. cit.*

3. Baïz, Adam et al., *Emploi des personnes handicapées et performance des entreprises*, France Stratégies, *La Note d'analyse*, nº 90, mai 2020.

sont des personnes avec une reconnaissance de handicap[1].

De nombreux autres freins existent, allant de la non-maîtrise du français, qui peut pénaliser des personnes réfugiées en voie d'insertion, à des problématiques de garde d'enfant pour de nombreuses femmes, en particulier celles qui sont seules avec leurs enfants.

Accompagner à et dans l'emploi

Pour lever tous ces freins, différents programmes existent mais encore faut-il pouvoir les identifier et les mobiliser. L'un d'eux a été monté en partenariat avec une grande entreprise de la logistique dans ses entrepôts en Essonne. Il vise à faciliter l'embauche des personnes sans abri vivant en centre d'hébergement. L'entreprise a missionné une équipe sociale, composée notamment de travailleurs sociaux, pour informer les personnes en centres d'hébergement des postes disponibles,

1. « Emploi des personnes en situation de handicap, l'expérimentation TZCLD offre une réelle égalité des chances », Territoires zéro chômeur de longue durée, novembre 2024.

préparer les entretiens et faciliter la prise de poste.

Cette démarche permet à l'équipe sociale d'avoir ses bureaux dans l'entreprise, et ainsi de pouvoir accompagner les nouveaux embauchés directement sur leur lieu de travail. Les managers peuvent aussi être accompagnés lorsque cela s'avère nécessaire. Depuis les tests e-learning à l'entrée jusqu'à la prise en compte des handicaps invisibles, le projet a montré la nécessité d'un partenariat entre l'équipe sociale et l'entreprise afin d'identifier tous les freins risquant de faire échouer un recrutement et de réfléchir aux manières de les lever sans pénaliser ni le candidat ni l'entreprise.

Entre 2022 et 2023, 36 personnes ont pu être embauchées et stabilisées dans leur emploi grâce à cet accompagnement. Un chiffre certes modeste, mais à l'échelle d'un unique projet, qui montre combien il est nécessaire d'accompagner véritablement les candidats et les entreprises afin de lever les freins spécifiques aux emplois proposés.

Cet exemple montre aussi qu'avec de la patience, des moyens et une véritable écoute il est possible de réussir et de trouver les solutions au cas par cas pour une intégration réussie.

Surtout, cet exemple montre que la difficulté n'est pas la volonté de travailler, c'est bien la manière dont la société s'organise pour ne pas fabriquer de l'exclusion qui importe.

Inciter ou désinciter au travail ?

Il reste néanmoins dans l'imaginaire collectif la conviction que les différentes aides auxquelles les personnes précaires sont éligibles désincitent au travail.

Pour ce qui est des personnes précaires, il est indéniable que certaines d'entre elles ont baissé les bras et finissent par se contenter des minima sociaux. Qui peut être sûr de ne pas céder face aux multiples freins, rejets et parfois discriminations subis sans cesse ? Mais la très grande majorité souhaite avant tout retrouver un travail. L'une des manières de le constater consiste à étudier le RSA, qui n'est accessible qu'à partir de 25 ans.

L'une des raisons avancées pour ne pas ouvrir le RSA dès 18 ans, c'est justement le fait qu'une telle allocation désinciterait au travail et favoriserait une logique d'« assistanat ». Une étude a été menée sur le passage à 25 ans, qui rend les jeunes gens éligibles du jour au lendemain au

RSA. En comparant les personnes juste avant leur vingt-cinquième anniversaire et juste après, il est possible de regarder si, toutes choses égales par ailleurs, les jeunes travaillent moins une fois qu'ils deviennent éligibles au RSA. L'étude a été réalisée en 2012 et révèle qu'il n'y a pas de fléchissement du taux d'emploi passé 25 ans, ou que s'il existe il est marginal, de l'ordre de 1,7 % à 2,9 % des jeunes concernés, uniquement pour les moins qualifiés (ceux qui n'ont que le brevet des collèges au mieux), qui sont ceux ayant le plus de freins à l'emploi[1].

Ces chiffres montrent que les personnes précaires sont très largement demandeuses d'un emploi, dès lors qu'elles y sont aidées. C'est même d'autant plus le cas qu'elles sont très désocialisées. Le programme « Premières heures en chantier » a été monté et diffusé par l'association Convergence France, à destination spécialement des sans-abri dont les problématiques (logement, addiction, santé mentale, etc.) sont si importantes qu'on peut difficilement imaginer pour eux un travail à plein temps dans une entreprise. Cela ne signifie pas qu'ils ne peuvent

1. Bargain, Olivier et Vicard, Augustin, « Le RMI, puis le RSA découragent-ils certains jeunes de travailler ? », *Insee Analyses*, n° 6, 2012.

pas ou ne veulent pas travailler. Pour les aider, le programme a été imaginé sous la forme d'un chantier d'insertion particulier, qui autorise à ne travailler que quelques heures par semaine, parfois même juste une heure ou deux selon les cas. L'essentiel étant de s'adapter à la personne et de l'accompagner dans sa réinsertion.

Souvent, ces chantiers consistent en des travaux de bricolage, de conciergerie, d'entretien d'espaces verts, etc. Grâce à ce programme, ce sont plus de 1 000 personnes extrêmement précaires qui bénéficient chaque année d'un emploi de ce type. Son impact est particulièrement palpable lorsque celles-ci reçoivent leur fiche de paie : pour la première fois depuis longtemps, elles ont contribué à un travail et sont rétribuées pour cela. Elles font partie de la société.

Penser les marges de la société ou fabriquer de la précarité ?

L'hôpital Saint-Vincent-de-Paul, situé dans le 14e arrondissement de Paris, a existé pendant près de trois cent soixante-quinze ans jusqu'à sa fermeture en 2012. Un vaste programme immobilier a été pensé sur ce site historique, offrant un renouveau pour le quartier. Ce type de projet urbain met des années à voir le jour : le lieu aurait pu être vacant jusqu'en 2020, lorsque le premier coup de pioche a marqué le début des travaux. Mais, durant cette période, un immense projet a été déployé dans ce site magnifique, qui tient autant au caractère temporaire de sa disponibilité qu'à la créativité du secteur associatif. C'est en effet ici qu'est né l'un des premiers tiers lieux en France : les Grands Voisins.

Pas moins de 600 places d'hébergement y ont été installées, pour des publics aux profils très variés : des sans-abri, des femmes, des familles, des hommes, des jeunes, des migrants… Sur le même site, près de 2 000 personnes venaient par ailleurs travailler chaque jour dans des locaux mis à la disposition d'associations, d'ateliers d'artistes, de start-up. Et, chaque jour, des centaines de riverains s'y retrouvaient pour déjeuner ou boire un verre le soir entre amis.

L'entretien était réalisé par des sans-abri hébergés qui souhaitaient travailler et contribuer à l'activité du site dans le cadre d'un dispositif d'insertion, au milieu de la vie qui grouillait chaque jour. Et pour tout le monde, c'était normal. Une telle mixité sociale était unique. Surtout, elle était *possible*.

Il est possible de vivre ensemble

Les Grands Voisins ont montré qu'il est possible de construire une ville où tout le monde se croise et où le respect de l'autre, dans ses bons comme dans ses mauvais jours, est une richesse et une source de créativité. Malheureusement, l'installation de nouveaux dispositifs, qu'il s'agisse de simples logements sociaux ou de centres sociaux ou médico-sociaux, suscite toujours des questions, pour ne pas dire des oppositions assez fortes.

Les réunions publiques qui visent à préparer l'installation des nouveaux centres d'accueil sont assez symptomatiques de cet état d'esprit. En 2016, lors de l'installation d'un centre d'hébergement à l'orée du bois de Boulogne, dans le 16e arrondissement de Paris, sur un ancien parking situé pourtant loin des habitations, la violence des propos tenus en réunion publique avait révélé l'incapacité des habitants du quartier à comprendre le sens même de l'hébergement des sans-abri [1].

Le centre a néanmoins pu se construire et héberge chaque soir près de 200 personnes, dont 60 enfants qui vont dans les écoles du quartier, où certains ont gagné des concours de poésie et en sont fiers. Des dizaines de bénévoles viennent chaque semaine contribuer à la vie du centre, preuve que l'intégration dans le quartier est, là aussi, possible.

Le schéma est presque toujours le même : après avoir surmonté une opposition de

1. Voir la retranscription qui en a été faite en bande dessinée : Pinçon-Charlot, Monique et Michel et Lécroart Étienne, *Panique dans le 16e*, Éditions La Ville Brûle, 2017.

principe au début, l'implantation finit en général par s'inscrire dans la ville et dans le quartier. La question est donc bien celle de la peur et de la manière dont la société s'organise pour réussir à la surmonter.

La peur de l'autre, un poison pour la société

Malheureusement, nous sommes encore loin d'avoir trouvé la manière de surmonter cette peur de l'autre. Car il est devenu trop difficile de s'identifier à des personnes laissées dans l'indigence et qui sont, de ce fait, déshumanisées. C'est le cas notamment des consommateurs de drogue, souvent qualifiés de « zombies », on l'a vu, en référence à leur comportement sous l'emprise de produits.

Selon le même principe que celui évoqué plus haut au sujet des centres d'hébergement pour les sans-abri, la tentative de créer un centre de soins pour les usagers de drogue dans le 20e arrondissement de Paris a produit les mêmes hurlements, les mêmes visages déformés par la colère et les mêmes contre-propositions que dans d'autres réunions publiques : les participants étaient d'avis d'envoyer les personnes concernées *ailleurs*. Peu importe le contenu exact du projet d'accueil, qui visait à aider ces individus à entamer une démarche de soins, projet crucial s'il en est ; peu importe que cet *ailleurs* n'existe pas, chaque lieu envisagé suscitant la même réaction des riverains. L'émotion et surtout la peur font presque systématiquement ressortir la proposition radicale, simpliste et nauséabonde de « mettre les gens dans un train ». Ce projet a finalement dû être abandonné.

La peur de l'autre est devenue aujourd'hui l'un des pires poisons lents pour la société, car elle remet en cause toute forme de contrat social en suscitant du *rejet*, voire un risque de *séparation*. Pour certains, l'expression du *rejet* est très claire : la solution consisterait à chasser ces « autres ». Il est indéniable que les questions de tranquillité publique sont devenues, dans quelques endroits particulièrement touchés, primordiales. Lorsque des quartiers entiers sont soumis au narcotrafic ou que des campements insalubres s'installent sous les fenêtres des riverains, les enjeux de sécurité et de tranquillité sont une préoccupation majeure qui doit être traitée. Toute la difficulté, en tant que société, consiste alors à trouver la réponse appropriée pour ne pas repousser le problème plus loin, résoudre cette question à la racine et éviter qu'elle ne revienne inlassablement. Dans cette perspective, il faut aussi s'attacher à lutter contre les stigmatisations inutiles qui ne font que susciter davantage de peur et de rejet.

D'autres accueillent favorablement l'idée que les personnes en marge de la société soient accompagnées, mais jugent que les impôts servent justement à payer ces services d'accompagnement. Si les problèmes persistent, c'est que le service public n'est pas suffisamment efficace. En tout état de cause, ils considèrent qu'ils ont fait leur part en s'acquittant de leurs impôts et entendent bien en avoir pour leur argent en ne subissant aucun trouble social. Un phénomène largement décrit par la philosophe et psychanalyste Cynthia Fleury dans ses ouvrages.

C'est là qu'apparaît le risque de *séparation*, quand ceux qui en ont les moyens, et parfois ces moyens restent modestes, considèrent qu'ils appartiennent à une société distincte. Ce serait alors à la puissance publique de gérer ces *autres* qu'on ne veut pas voir.

Risque de rejet et risque de séparation aboutissent tous les deux à refermer petit à petit la société sur un groupe de plus en plus étroit de personnes semblables. On perd alors de vue qu'il n'existe pas de société sans marge, et cela conduit progressivement à ce que la société se délite par exclusions successives des uns et des autres.

Invisibiliser les personnes, une solution de court terme uniquement

Les conséquences de ce refus de l'autre finissent par orienter les discours publics, et donc les politiques publiques, vers un seul objectif : celui d'invisibiliser les personnes précaires. Cela se traduit d'une part par une *sécurisation* progressive des politiques sociales afin de contraindre ceux qui sont à la marge à rentrer dans le rang ou partir. Et, d'autre part, par le fait de rendre les personnes *responsables* de leur propre situation de manière à dédouaner la société dans son ensemble. C'est ce que tous les parcours décrits dans ce livre montrent. Qu'ils soient migrants, consommateurs de drogue, jeunes ou travailleurs peu qualifiés, l'impératif est de plus en plus sécuritaire, passant par des injonctions de soins, des placements, des obligations d'heures d'activité, un renforcement de la réponse pénale, etc.

Dans le même temps, les politiques sociales apparaissent suspectes en ce qu'elles contribueraient à favoriser les fauteurs de troubles, ou du moins à entretenir les travers de la société. Cela finit par tracer un horizon dans la pensée collective, où les questions de sécurité publique et de lutte contre les exclusions ne peuvent que s'opposer alors qu'elles se complètent.

Mais cela renvoie aussi à la difficulté de penser une société qui tolère, accepte, inclut ses propres marges. Car il est toujours plus difficile d'admettre que les solutions d'apparence rapides et simples – c'est-à-dire à dominante sécuritaire – n'auront un impact que sur le court terme.

Aller vite, cela correspond à la fois au temps politique, qui se raccourcit et exige des résultats immédiats, et aux attentes d'une société dont le temps s'accélère, comme le décrit le philosophe Hartmut Rosa[1]. Malheureusement, le temps des politiques sociales n'est pas celui-là.

Marie vit à la rue depuis plusieurs années. Elle y subit des violences permanentes, entre viols et prostitution. D'aussi loin qu'elle se souvienne, elle fume du crack pour se tenir éveillée la nuit mais aussi pour oublier. Elle a mis en échec toutes les structures d'aide qui lui ont été proposées : des contraintes horaires qui ne correspondent pas à l'activité exigée par son

---

1. Rosa, Hartmut, *Accélération. Une critique sociale du temps*, La Découverte, 2010.

proxénète, des hospitalisations qu'on lui promet adaptées mais où elle n'a le droit de rien consommer... elle ne voit pas l'intérêt d'arrêter la drogue, car, dès la sortie, la rue l'obligera à recommencer.

Depuis quelques mois, elle fréquente un espace de repos situé près de la porte de la Chapelle, où elle peut prendre une douche et un café. L'équipe est à l'écoute et lui propose de refaire ses papiers, mais n'a de cesse de lui demander son nom. Hors de question pour elle de le donner : elle n'a aucune confiance, on viendra la chercher, c'est sûr.

L'équipe de cet espace de repos est aguerrie aux personnes comme elle. Au fil d'activités, de soins infirmiers, de moments de détente, Marie a fini par accepter de se livrer davantage, puis de donner son nom. Les démarches peuvent démarrer. Il aura fallu six mois pour franchir cette étape. Certains trouveront cela ridiculement long : on aurait mieux fait de la forcer à se sevrer, et tant pis si elle recommence à consommer ensuite, « c'est sa responsabilité ». La réalité est que ce temps long permet de s'appuyer sur la volonté de la personne concernée, de construire de la confiance et d'avancer vers le rétablissement.

Marie a pu intégrer une chambre d'hôtel, où elle tient bon, dort en sécurité et peut réduire ses consommations. Récemment, elle a envisagé de se soigner. Près de dix-huit mois se sont écoulés pour en arriver là.

Penser les marges de la société pour ne pas invisibiliser les personnes en difficulté, c'est accepter qu'il n'y a pas de solution simple qui soit durable. C'est accepter qu'il faut du temps pour se rétablir d'un parcours traumatique à tout point de vue. C'est comprendre que nous ne sommes pas tous semblables. Et c'est bien là la définition d'une société fraternelle et solidaire.

Remettre la fraternité au cœur du contrat social

Alors que faire ? Il faut d'abord se rendre compte que c'est la société dans son ensemble qui doit adopter une vision où les marges sont incluses et non pas rejetées. Cela appelle donc à un projet de société cohérent, qui parte de l'éducation et aille jusqu'aux solutions de mobilité pour lever les freins à l'emploi, en passant par l'accès au système de santé.

Et cela appelle aussi à un changement de méthode, car on ne peut pas construire des politiques publiques comme de simples réponses à des faits divers. Nous ferons ici neuf propositions regroupées en trois blocs pour amorcer ce changement.

Briser le cycle de la peur de l'autre

Les trois premières propositions concernent les personnes précaires elles-mêmes : comment construire des politiques sociales qui partent des besoins et qui s'attachent à maintenir la dignité ? L'idée est de briser le cycle de la peur de l'autre pour permettre de construire une société fraternelle et solidaire.

La première proposition peut paraître anodine, alors qu'elle est fondamentale : elle consiste à exiger de savoir compter le nombre de sans-abri et de personnes mal logées, a minima tous les deux ans. La dernière enquête sur le sans-abrisme réalisée par l'Insee date de 2012, la prochaine est en cours et devrait livrer ses premiers résultats en 2025 ou 2026. Entre les deux, le nombre de places d'hébergement a été multiplié par deux, tous dispositifs confondus, bien qu'il y ait toujours des enfants à la rue et des tentes qui se multiplient dans l'espace urbain. Et ceci, sans compter le mal-logement, c'est-à-dire les personnes vivant dans des squats, des bidonvilles, chez des tiers de façon précaire. Sans compréhension claire de la dynamique, il est difficile de construire des réponses adaptées.

Comme personne ne sait évaluer, et encore moins anticiper, le besoin, la régulation du nombre de places est uniquement budgétaire : pourquoi y a-t-il 203 000 places d'hébergement plutôt que 202 000 ou 210 000 ? Parce que c'est ce que permet le budget alloué. Pourtant, en repoussant les personnes précaires toujours plus loin aux marges de la société, on ne fait que renforcer le sentiment de peur et de rejet : comment s'identifier à des personnes qui vivent de manière indigente dans des campements où la violence est permanente ? C'est impossible et cela nécessite de dimensionner le parc d'hébergement en fonction du besoin, à travers un suivi rigoureux et régulier permettant de comprendre les dynamiques et d'anticiper l'avenir.

De nombreux pays ont mis en place des méthodologies pour compter les sans-abri et le mal-logement[1]. Il existe même une norme européenne pour distinguer les différentes catégories de personnes[2] concernées. La France ne dispose

1. Allen, Mike et al., *Ending Homelessness ? The Contrasting Experiences of Denmark, Finland and Ireland* [première édition], Bristol University Press, 2020.

2. FEANTSA, « European Typology of Homelessness and housing exclusion (ETHOS) ». Disponible ici :

pas d'un tel outil pour anticiper le besoin et comprendre les dynamiques, même si depuis huit ans des « Nuits de la solidarité » sont organisées dans quelques métropoles[1] et sont l'occasion de compter le nombre de personnes à la rue un soir donné de l'année.

Mais si cela a le mérite de mettre le sujet du sans-abrisme sur la table, cela ne permet pas de connaître en profondeur le phénomène, et encore moins de piloter le besoin en hébergement. Les personnes mal logées ou logées chez des tiers, parfois pour de courtes durées, ne sont pas rencontrées lors de telles opérations, et les dynamiques vers et hors le sans-abrisme nécessiteraient un suivi plus fin.

Il est donc essentiel de se donner les moyens de récolter des données et d'approfondir la connaissance des personnes concernées, de leurs parcours, pour en tirer les réponses appropriées à leurs besoins. Aujourd'hui, ces réponses ne sont construites qu'à partir d'un thermomètre

---

https://www.feantsa.org/download/en-16822651433655843804.pdf.

1. En 2024, Marseille, Metz, Rennes, Grenoble, Montpellier, Toulouse, Strasbourg ou encore Saint-Nazaire en plus de Paris et de certaines villes de sa métropole ont participé à la Nuit de la Solidarité.

(on ouvre des places d'hébergement quand il fait froid), d'une enveloppe budgétaire (on détermine des publics prioritaires faute de disposer des places suffisantes) et d'une volonté d'envoyer le signal que la France n'est pas accueillante pour réduire un hypothétique « appel d'air ». Ceci ne permet pas de résoudre la question du sans-abrisme.

La seconde proposition consiste à donner une perspective crédible aux sans-papiers, en décidant de leur régularisation dans le cadre d'une véritable politique migratoire, puisqu'il est faux de laisser croire que l'on saura organiser leur retour à la frontière.

C'est d'abord une question de dignité, car laisser des personnes attendre pendant des années, voire des dizaines d'années, les plonge dans un vide qui, on l'a vu, conduit la plupart d'entre elles à développer des problèmes de santé mentale. C'est aussi une question d'efficacité, car de nombreux secteurs économiques en tension ont besoin de cette main-d'œuvre : la restauration, la construction, les services à la personne, entre autres, s'appuient sur le travail peu qualifié mais essentiel produit par les étrangers.

On ne peut pas construire une société saine en maintenant des milliers de personnes dans des conditions d'emploi irrégulier qui ne peuvent que conduire à des conflits inhérents à l'économie souterraine. Cette proposition suffira sans doute à disqualifier toutes les suivantes pour celles et ceux dont la peur de l'autre est devenue une forme de raison d'être, car il est plus commode de rechercher des boucs émissaires que de construire une société capable d'affronter l'avenir. Pourtant, elle a déjà été mise en œuvre par le passé et les retombées ont été positives[1]. Cela ne préjuge bien sûr pas de l'existence de négociations diplomatiques visant à obtenir des laissez-passer consulaires afin de permettre le retour de certaines personnes en situation irrégulière.

La troisième proposition fait écho à de nombreux constats dressés dans cet ouvrage et consiste à réconcilier la sécurité publique et la lutte contre les exclusions. Il ne s'agit pas de renoncer à l'une au profit de l'autre. Il s'agit de réfléchir en termes de cohérence et de complémentarité pour éviter de prendre les politiques sociales sous l'angle de la gestion de l'urgence, souvent guidée par une réponse sécuritaire immédiate.

---

1. Cahuc, Pierre, « Immigration : les retombées positives des régularisations », *Les Échos*, 8 septembre 2023.

Pour véritablement avancer sur le sujet, il serait nécessaire de lancer un véritable débat national en la matière, tant cette question irrigue l'ensemble des champs des politiques sociales et cristallise une opinion qui attend légitimement des réponses rapides sur des sujets qui ne peuvent être traités comme une succession d'urgences. Le prisme sécuritaire n'est en effet pas seulement un biais idéologique, il est aussi la conséquence d'un manque de clarté sur les attendus et les objectifs des politiques sociales, et à certains endroits d'un manque de moyens ou à d'autres d'un manque de coordination.

C'est aussi, en partie, le signal des difficultés du champ de la psychiatrie, maintes fois documentées[1], qui peine à apporter des réponses à des situations dramatiques. À court terme, s'il est un domaine où il est urgent de revoir en profondeur l'équilibre entre la dimension sécuritaire et la dimension sociale, c'est le champ des addictions. Le discours consistant à faire du consommateur l'unique responsable du trafic de drogue conduit à une grande

1. Communiqué de presse de la Fédération hospitalière de France (FHF), *Répondre à l'urgence et bâtir l'avenir de la psychiatrie : présentation des propositions de la FHF*, avril 2024.

incompréhension, car, malgré des saisies importantes de drogues illicites, il y a toujours autant de quartiers minés par le trafic et autant de personnes souffrant de leur addiction. Reconnaître cet échec permettrait d'ouvrir un véritable débat démocratique pour proposer des solutions compatibles avec les objectifs de santé et de sécurité publiques.

En particulier, pour lutter contre la peur de l'autre, il faut tout faire pour éviter que des consommateurs de drogue errent dans la rue, rendant la vie impossible aux riverains. Les scènes de consommation à ciel ouvert sont indignes et entretiennent les stéréotypes déshumanisants qui suscitent la peur. Pour cela, il faut créer des lieux dédiés. Loin de l'idée commune de « salle de shoot » où des usagers pourraient consommer des drogues sans aucune restriction et simplement pour leur plaisir personnel, il s'agit surtout de les aider à réguler leur consommation et d'amorcer un dialogue sur l'addiction, tout en évitant les risques pris dans la rue (surdose, réutilisation de matériel, etc.) et en réduisant les nuisances envers les riverains[1]. Ce type de lieux existe dans de nombreuses villes et a

1. *Salles de consommation à moindre risque en France : rapport scientifique*, Inserm, mai 2021.

permis de résoudre des problématiques urbaines considérables, ainsi du Platzspitz à Zurich[1]. Le dialogue reste aujourd'hui impossible en France, par refus de reconnaître que la réponse d'ordre public ne peut pas tout.

Ces trois propositions constituent un premier bloc, qui vise à lutter contre la peur de l'autre. En partant des besoins et en donnant un avenir aux personnes qui souhaitent s'insérer, il est possible de créer une société de concorde, où chacun pourrait trouver sa place. C'est de cette manière que l'on parviendra à changer le regard sur les plus précaires et à réduire les tentations de rejet et de séparation.

Agir sur la prévention

Les trois propositions suivantes esquissent un changement de paradigme dans les politiques sociales, en mettant la prévention au cœur de ces politiques. Car on ne peut pas sans cesse réagir aux urgences et tenter de corriger les symptômes d'une société qui se referme et s'individualise.

---

1. « Zurich évacuait, il y a 25 ans, la scène ouverte de la drogue du Platzspitz », RTS, 7 septembre 2018.

La première proposition concerne les jeunes, qui forment la société de demain : en négligeant leur insertion, on crée les conditions pour que le fossé se creuse entre les générations en plus de fragiliser l'avenir. Il est nécessaire de changer de philosophie en décidant d'une obligation de résultat envers eux : il s'agit d'adapter les parcours aux besoins des jeunes plutôt que de vouloir les faire entrer dans un parcours.

Pour comprendre, il faut reprendre l'exemple de la création du Contrat d'engagement jeune et de son volet dédié aux jeunes en rupture en 2022. Ce programme visait à sélectionner les jeunes les plus éloignés des structures d'insertion en allant à leur rencontre, ce qui est déjà un progrès considérable : on ne s'attend plus à ce qu'un jeune ose pousser la porte, on va jusque chez lui pour le rencontrer. Le problème, on l'a vu, est que la case administrative définissant un « jeune en rupture » oblige à ce que celui-ci n'ait été vu par aucune structure depuis plus de cinq mois. Il a abandonné l'école depuis trois mois ? Impossible de l'accompagner. Il a tenté d'aller dans une mission locale il y a quatre mois mais n'est pas allé au bout du parcours ? Il faut encore attendre. Alors qu'à ce stade du développement personnel chaque jour compte.

La France reste encore l'un des pays de l'OCDE où le niveau de vie des parents est le principal déterminant de la réussite scolaire des enfants[1]. Dès lors, sans perdre de vue la nécessaire refonte de l'école qui prendra des années, il faut penser la réussite de tous les jeunes en proposant des parcours plus variés et adaptés à chacun.

Les missions locales, qui sont sous double tutelle de l'État et des collectivités locales, mériteraient de voir leur gouvernance simplifiée et leurs objectifs clarifiés autour de la coordination de tous les dispositifs en vue de la réussite des jeunes. Il faut pouvoir proposer sur l'ensemble du territoire un accompagnement adapté à chaque jeune dans des structures souples, à l'image des Espaces dynamiques d'insertion (EDI) qui ont existé pendant vingt-cinq ans en Île-de-France avant d'être fermés pour des raisons budgétaires[2], et où les questions de handicap, de précarité, de harcèlement scolaire, de

1. *PISA 2022 Results (Volume I) : The State of Learning and Equity in Education*, PISA, OECD Publishing, 2023.

2. Leray, Cassandre, « En Île-de-France, la “catastrophe” redoutée de la fermeture des Espaces de dynamique d'insertion pour les jeunes en décrochage », *Libération*, 10 novembre 2022.

violences intrafamiliales, d'emprises et de trafics pouvaient être abordées et progressivement dénouées.

Enfin, les clubs de prévention qui permettent à des éducateurs de rue d'aller au contact des jeunes gagneraient à être très largement développés alors qu'ils se sont considérablement réduits ces dernières années[1]. Un plan massif en faveur des éducateurs de rue permettrait de remettre du lien là où la société semble avoir abandonné des quartiers entiers. C'est en allant au contact des jeunes, en dénouant les tensions là où elles existent, en faisant tout pour extraire certains jeunes de rapports de domination et de trafics qui les pénaliseront pour le reste de leur vie que l'on prépare l'avenir de la société.

La deuxième proposition concernant la prévention consiste à exiger que les villes se développent en intégrant leurs marges. On ne peut pas construire de politiques sociales solides si l'on ne permet pas à chacun de vivre dans un

---

1. Voir Jacquat, Denis et Bouziane-Laroussi, Kheira, *Rapport d'information déposé par la commission des affaires sociales de l'Assemblée nationale en conclusion des travaux de la mission sur l'avenir de la prévention spécialisée*, février 2017.

logement digne et si l'on n'empêche pas les gens de finir à la rue, quelle qu'en soit la raison.

La France a la chance d'avoir su développer une offre de logements sociaux structurée autour d'un véritable projet de société, puisque ces logements sont financés grâce à l'épargne des Français collectée sur leur livret A. Mais cela ne suffit pas à en faire un secteur qui réponde à tous les besoins, notamment celui des plus précaires [1], et cela n'épuise pas la nécessité d'une politique du logement adaptée aux réalités des territoires et aux évolutions démographiques, notamment pour faire face au vieillissement de la population et à la décohabitation des ménages.

Au-delà, c'est la construction des villes qui gagnerait à être repensée pour intégrer les marges de la société. La loi SRU a permis de fixer des objectifs en matière de logements sociaux en obligeant à des quotas pour les villes de plus de 3 000 habitants. Rien ne prévoit en revanche la construction de places d'hébergement. C'est un peu comme si les villes se

1. Voir par exemple la note relative aux loyers HLM du think tank Terra Nova : Lahaye, Frédérique, *Les Loyers des HLM et l'accueil des plus pauvres : plus de liberté pour plus de responsabilités*, Terra Nova, septembre 2021.

construisaient sans voir que certains seront poussés en dehors des schémas d'habitation standards. Aujourd'hui, de très nombreuses places d'hébergement sont cantonnées soit dans des hôtels, soit dans des bâtiments vides temporairement. Si cela permet de résoudre une partie du problème, cela conduit à déménager sans cesse les personnes hébergées, pour libérer les lieux et en investir d'autres.

Il serait possible de raisonner différemment et de programmer les places d'hébergement en les intégrant dans les Plans locaux d'urbanisme (PLU) afin de travailler les questions de mixité plutôt que de les subir, et en fixant des quotas adaptés aux réalités des villes sur le modèle de la loi SRU plutôt qu'en imposant ces places aux élus locaux en fonction des rapports de forces politiques.

La troisième proposition en matière de prévention consiste à construire un droit à l'accompagnement opposable, sur le modèle du droit au logement opposable (DALO). Ce droit, issu de la mobilisation dite du canal Saint-Martin en 2006, permet à des ménages d'être considérés comme prioritaires dans l'attribution d'un logement et à l'État d'être condamné à des astreintes lorsqu'il ne sait pas trouver de solution. Il s'agirait ici d'inscrire dans la loi que chacun a le droit de se faire accompagner dans un certain nombre de démarches indispensables et parfois rédhibitoires pour les personnes les plus en difficulté.

Trois types de démarches mériteraient d'être pensées autour de ce droit à l'accompagnement. Les premières, ce sont les démarches qui aujourd'hui sont devenues numériques, avec une fracture qui divise les personnes entre celles qui maîtrisent les codes informatiques et celles qui n'y parviennent pas. On pense aux personnes âgées, mais les centres d'accueil relèvent aussi de grandes difficultés pour les plus jeunes pour comprendre leur portail de soins et la logique des démarches afférentes (Sécurité sociale, mutuelle, etc.), et de façon générale pour de nombreuses personnes précaires.

Les secondes démarches seraient les démarches d'accompagnement à la vie active, qui regroupent à la fois l'accompagnement au logement pour systématiser les mesures de prévention avant que l'impayé ne conduise à l'expulsion, et l'accompagnement à l'emploi. Si 86 % des allocataires du RSA bénéficiaient d'un accompagnement en 2021, un tiers des foyers éligibles au RSA n'y ont pas eu recours sur un trimestre donné, et un cinquième n'en ont pas fait la demande de façon prolongée au cours de l'année[1].

De plus, l'accompagnement ne saurait se résoudre au fait de trouver un emploi : il faut s'assurer de parvenir à le garder, et cela suppose souvent de combiner un accompagnement à l'emploi et un accompagnement social plus global. Une approche par binôme de travailleur social et de conseiller en insertion professionnelle a pu faire ses preuves dans certains services d'accueil et mériterait d'être généralisée.

Enfin, la coordination des soins constituerait un troisième niveau d'accompagnement possible. Quiconque a dû prendre des rendez-vous chez plusieurs spécialistes et décider de son parcours de soins sait combien il peut être difficile d'aller au bout des démarches. Pour les personnes les plus éloignées de tout, le renoncement au soin n'est jamais loin.

C'est en explicitant les situations qui mettent les gens en difficulté que l'on mesure combien la prévention est complexe et nécessaire : en laissant de nombreuses personnes seules, leur situation finit par devenir inextricable alors que des

1. Hannafi, Cyrine et al., « Mesurer régulièrement le non-recours au RSA et à la prime d'activité : méthode et résultats », *Les Dossiers de la Drees*, n° 92, février 2022.

mesures simples et ponctuelles d'accompagnement auraient pu l'éviter.

Changer de méthode

Le troisième et dernier bloc de propositions vise à changer de méthode pour construire et mettre en œuvre des politiques sociales claires, cohérentes, aux objectifs définis et contrôlés.

Pour cela, il faut commencer par clarifier les compétences des collectivités locales. Pour comprendre la difficulté, prenons quelques exemples. Le financement des crèches relève à la fois de l'État, via la Caisse d'allocations familiales, et des départements. Les missions locales, qui sont centrales dans l'accompagnement des jeunes, ont une gouvernance qui mêle à la fois l'État et les collectivités locales, entre autres, avec des financements venant de part et d'autre. Le handicap est de la compétence des départements, mais les Foyers d'accueil médicalisés (FAM), qui accueillent notamment les personnes ayant un handicap lourd, sont cofinancés par l'État et les départements (obligeant les gestionnaires à déposer deux budgets distincts sans aucune fongibilité). Les femmes avec enfants de moins de 3 ans sont un public qui relève du département, lequel gère par exemple des Centres maternels pour les accueillir, mais les femmes avec enfants qui ne sont pas suivies ou prises en charge par le département sont un public dont la compétence relève de l'État, avec le risque d'effets de seuil qui ne peuvent être qu'au détriment des personnes. On pourrait multiplier à l'envi ces exemples, auxquels s'ajoutent ceux des collectivités qui décident d'aller au-delà de leurs compétences pour des raisons politiques (à peu près tous les échelons financent des structures pour femmes victimes de violences par exemple, ce qui ne signifie pas que le sujet ne nécessite pas une mobilisation forte) jusqu'au jour où leur budget impose de couper dans ces dépenses, faisant des dispositifs sociaux les victimes collatérales de l'absence de réelle coordination des responsabilités.

Il est impossible enfin de ne pas souligner la situation parfois kafkaïenne des jeunes migrants qui se disent mineurs, ce qui devrait les conduire à être pris en charge par les départements via l'Aide sociale à l'enfance. Lorsque le département ne reconnaît pas leur minorité, ils sont officiellement majeurs, et relèvent alors de l'État au titre de l'hébergement. Pour les jeunes qui font un recours contre cette décision – c'est leur droit –, la question de savoir qui du département ou de l'État doit les prendre en charge est rarement tranchée, ce qui conduit à la constitution de campements dans les grandes métropoles.

En d'autres termes, l'édifice institutionnel actuel est tellement confus qu'il ne peut que générer des problèmes de coordination qui jouent en défaveur des personnes précaires ou de ceux qui les accompagnent. Cela appelle à une véritable clarification des rôles et responsabilités pour éviter les situations où tout le monde est partiellement responsable et donc où personne ne l'est vraiment.

Cela implique de repenser les ressources propres des collectivités en adéquation avec leurs responsabilités. Mais cela nécessite aussi de repenser la solidarité des territoires pour ne pas renforcer des inégalités déjà fortes et à même de remettre en cause la cohésion nationale[1].

La deuxième proposition pour changer de méthode consiste à systématiser les évaluations de politiques publiques et les mesures d'impact.

---

1. Par exemple, d'après l'Insee, en 2020, le niveau de vie médian était 55 % plus élevé dans les Hauts-de-Seine (28 810) qu'en Seine-Saint-Denis (18 470). Le taux de pauvreté était trois fois plus élevé dans ce dernier département (28 %) qu'en Vendée (9 %).

Si l'on veut sortir des solutions simples, voire simplistes, décidées en urgence en fonction de l'actualité, il est nécessaire de bâtir des outils permettant d'expliquer le sens des décisions en les fondant sur des analyses solides. C'est aussi à ce prix que l'on pourra sortir des réflexes qui aboutissent presque systématiquement à rendre les personnes responsables de leur situation plutôt qu'à construire des politiques publiques ancrées dans la complexité des relations sociales.

La France ne manque pas d'organes capables de réaliser de telles évaluations : les administrations des finances ou des affaires sociales ont des corps d'inspection de grande qualité, les directions statistiques des différents ministères ainsi que l'Insee réalisent des études précieuses et les organes d'études économiques réalisent des travaux utiles pour éclairer la décision publique (France Stratégie, Conseil d'analyse économique…). De plus, en 2008, le rôle de la Cour des comptes comme instance chargée de l'évaluation des politiques publiques a été ajouté à la Constitution, puis décliné dans la loi en 2011. Formellement, la France ne manque donc pas de structures permettant de décider sur la base d'éléments issus de la recherche.

L'exemple de la réforme du RSA est emblématique de ces questions. D'abord, au moment de sa création par Martin Hirsch, le RSA a été expérimenté dans 30 départements volontaires entre 2007 et 2009. L'expérience visait à évaluer l'impact de ce revenu sur le retour à l'emploi des allocataires. Sans attendre le résultat de l'évaluation et sans que les résultats de l'étude d'impact soient disponibles, la loi du 1er décembre 2008 a généralisé le RSA sur l'ensemble du territoire et mis fin à l'expérimentation[1]. Plus récemment, une nouvelle expérimentation a été menée en 2023 pour renforcer l'accompagnement des allocataires et intégrer une obligation d'activité de quinze à vingt heures par semaine. Initialement menée sur 18 départements, et sans attendre les résultats complets, cette expérimentation a été étendue à 47 départements en mars 2024, tout en annonçant sa généralisation en 2025. Le rapport d'évaluation n'a été rendu disponible qu'en novembre 2024. Il montre l'intérêt du renforcement de l'accompagnement et de l'amélioration des réseaux de partenaires, mais aussi les limites notamment budgétaires et

1. L'Horty, Yannick, « Paradoxe de l'évaluation du RSA », *Revue Projet*, n° 308(1), 2009, p. 21-29.

organisationnelles[1], en particulier dans la planification des heures d'activité.

On voit donc qu'il ne suffit pas de décréter l'importance des évaluations pour que celles-ci irriguent la manière de prendre des décisions relatives aux politiques publiques, en particulier aux politiques sociales. Il faut pour cela créer une véritable culture de l'évaluation et de la prise en compte du long terme dans les décisions. Certains pays sont déjà très avancés en la matière : l'Allemagne élabore des prévisions à quarante ans, le Canada se projette sur soixante-quinze ans, là où la France se contente de publier des prévisions à l'horizon d'un quinquennat[2].

Enfin, la troisième proposition consiste à repenser les relations entre l'État et les gestionnaires de dispositifs sociaux pour remettre du sens dans les politiques publiques et favoriser leur adaptation aux besoins des personnes concernées.

---

1. Capelier, Thomas, Ejnes, Rodolphe et al., *Évaluation de l'expérimentation de l'accompagnement rénové des bénéficiaires du Revenu de solidarité active (RSA)*, Amnyos et Pluricité, novembre 2024.

2. Arthuis, Jean, *Rapport de la Commission sur l'avenir des finances publiques*, 2021.

En France, la plupart des politiques sociales ou médico-sociales sont mises en œuvre par des associations sans but lucratif. Selon l'Insee, environ 140 000 associations intervenaient en 2018 dans le champ de l'action sociale, de la santé ou de l'hébergement social ou médico-social, sur un total de 1,3 million d'associations. Ces associations concentrent l'essentiel de l'emploi salarié du secteur associatif et jouent donc un rôle très particulier dans la mise en œuvre des politiques publiques[1]. Des hôpitaux, des centres d'hébergement, des centres d'accueil pour personnes en situation de handicap sont financés par des subventions publiques qui doivent donc traduire les objectifs et les ambitions des politiques correspondantes.

Il est essentiel que les associations continuent de jouer ce rôle dans la mise en œuvre des politiques sociales. Elles sont à la fois des organismes professionnels et des passerelles avec le reste de la société, en permettant à des milliers de bénévoles d'apporter une contribution au-delà du travail social ou médico-social. Elles développent une innovation sociale qui permet

1. Lafore, Robert, « Le rôle des associations dans la mise en œuvre des politiques d'action sociale », *Informations sociales*, n° 162(6), 2010, p. 64-71.

souvent de s'adapter aux besoins des personnes en amont des politiques publiques.

Mais cette relation particulière entre la puissance publique et les gestionnaires associatifs, cruciale pour mettre en œuvre des pans entiers des politiques de solidarité, mérite d'être repensée pour s'inscrire dans le temps long afin de permettre aux personnes de s'adapter et de tisser des liens de partenariat avec l'ensemble de la société. Or la Cour des comptes a récemment publié un rapport qui évalue les relations entre l'État et les gestionnaires de structures d'hébergement[1]. Elle constate une gestion particulièrement court-termiste, puisque l'essentiel des subventions est annuel. Pour l'État, cela garantit une totale réversibilité, mais cela rend la gestion de ces services particulièrement précaire, depuis le recrutement du personnel jusqu'à l'entretien des bâtiments. Certains dispositifs bénéficient de contrats plus longs, mais qui ne dépassent pas cinq ans. Comment, sans visibilité, fidéliser des professionnels, construire des projets complexes, s'implanter dans un territoire en tissant un réseau partenarial et surtout

1. Cour des comptes, Les relations entre l'État et les gestionnaires de structures d'hébergement, octobre 2024.

accompagner des personnes fragiles dont certaines ont des troubles particulièrement lourds ?

Plus largement, il serait nécessaire de procéder à une sérieuse remise à plat de la relation entre la puissance publique et les associations gestionnaires de politiques sociales. Parfois cette relation est totalement déséquilibrée. C'est le cas lorsque l'association doit avoir toutes les équipes en place et les locaux suffisants pour accompagner un certain nombre de personnes, mais si la collectivité, qui à la fois finance et décide de l'orientation du public, envoie moins de personnes que prévu, l'association ne sera financée qu'à hauteur de l'occupation réelle sans avoir pu l'anticiper. Elle générera alors mécaniquement du déficit. Ailleurs, le fonctionnement des subventions fait qu'à la fin de l'année, si l'association a généré un résultat excédentaire, il lui sera repris, mais si elle a généré un résultat déficitaire, il lui sera laissé. Certains y verront une bonne gestion des deniers publics. La réalité est que cela conduit inévitablement à réduire tout intérêt à investir pour améliorer l'efficacité de gestion et donc à se priver d'investissements qui pourraient être bénéfiques à la collectivité à moyen terme.

Bien d'autres aspects du rapport entre l'État et les gestionnaires mériteraient d'être repensés, depuis le partage des risques jusqu'à l'évaluation de l'impact social, en passant par l'incitation à l'innovation et au contrôle de la bonne mise en œuvre des politiques publiques tout en simplifiant les démarches administratives. En clair, décider d'une politique publique n'est que la première étape : les conditions opérationnelles de sa mise en œuvre sont tout aussi importantes.

Il est difficile d'imaginer une grande évolution dans la construction d'une société de solidarité si la méthode de travail avec les principaux acteurs chargés de mettre en œuvre les dispositifs correspondants ne fait pas elle-même l'objet d'une réflexion approfondie.

Conclusion

Il sera toujours plus facile de rendre les personnes précaires responsables de leur situation. C'est même le propre des mécanismes d'exclusion que de rejeter les autres aux marges de la société. Par peur, par facilité ou par principe.

Cela permet de distinguer les « bons » des « mauvais » pauvres et ainsi d'ignorer tous les mécanismes au cœur de l'expérience de la pauvreté. Cela permet de justifier l'invisibilisation de cette pauvreté si dérangeante au quotidien. Cela permet enfin de privilégier des solutions rapides et simples, à l'efficacité surtout à court terme, qui relèvent souvent de logiques sécuritaires, ou en tout cas de contraintes.

Pourtant, la vie des plus précaires compte déjà un nombre incalculable de contraintes. À tel point que la société aboutit parfois davantage à fabriquer de la précarité qu'à tisser des liens sociaux, en activant des cercles vicieux qui renforcent les problèmes de logement, de santé, d'addiction, d'emploi. Et plus les personnes sont poussées loin dans les marges, plus il est difficile de s'identifier à elles en tant qu'êtres humains, et plus la peur de l'autre grandit.

Ce livre vise d'abord à rendre hommage à celles et ceux qui se battent quotidiennement, à leur courage malgré la honte et les frustrations nombreuses. Il vise aussi à rendre hommage aux travailleurs sociaux et à tous ceux qui accompagnent au quotidien les plus précaires. Leur engagement, leur professionnalisme, leur humanité en font un liant indispensable à la vie en société, trop souvent méconnu.

Ce livre vise enfin à susciter un débat pour s'interroger sur la société que nous voulons. Loin de demander à chacun d'adopter un principe de charité, il s'agit ici de réfléchir à la manière dont la société conduit à exclure plutôt qu'à inclure, et de chercher des remèdes pour permettre aux personnes précaires d'être actrices de leur propre vie.

Pour y parvenir, c'est tout le contrat social qu'il faut rénover. Ce chantier titanesque mais particulièrement motivant pourrait jeter les bases de la société de demain. Pour l'amorcer, nous proposons d'agir sur trois grands objectifs : briser le cycle de la peur de l'autre, privilégier la prévention plutôt que le traitement des urgences et adopter une méthode qui aligne l'ensemble des acteurs concernés en redonnant du sens aux politiques sociales.

Surtout, ces propositions ont vocation à aller au bout de débats restés jusqu'ici sans conclusion afin de recréer de la confiance et du consensus démocratique.

Il n'y a pas de projet plus collectif que de vouloir créer une société qui retrouve la valeur fondamentale de fraternité.

Annexe - Liste des propositions

Briser le cycle de la peur de l'autre

1. Partir des besoins en mettant en place un véritable observatoire du sans-abrisme et du mal-logement.
2. Cesser de faire des étrangers les boucs émissaires des maux de la société.
3. Réconcilier la sécurité publique et la lutte contre les exclusions.

Agir sur la prévention

1. Adapter les parcours aux besoins des jeunes plutôt que vouloir faire entrer chaque jeune dans un parcours.
2. Planifier le développement urbain en intégrant les personnes vivant aux marges plutôt qu'en les subissant.
3. Créer un droit à l'accompagnement opposable.

Changer de méthode

1. Clarifier les rôles et responsabilités de l'État et des collectivités locales.
2. Systématiser les évaluations de politiques publiques et les mesures d'impact.
3. Repenser les relations entre l'État et les gestionnaires de dispositifs sociaux pour remettre du sens dans les politiques publiques et mieux contrôler leur mise en œuvre.

Remerciements

Cet ouvrage est d'abord le fruit de nos conversations avec Jacques Attali dont l'écoute, la curiosité, l'humanité et la détermination à agir pour rendre la société meilleure ont toujours été pour moi une réelle source d'inspiration. Je lui dois tant et tiens à le remercier tout particulièrement.

À ses côtés, Julie Martinez déploie une énergie communicative. Je la remercie pour son soutien durant toutes les étapes de rédaction et de relecture.

Mais c'est surtout toutes les équipes de l'association Aurore que je tiens à remercier. Leur engagement quotidien auprès des plus démunis force le respect. Leur professionnalisme et leur capacité d'innovation pour répondre aux besoins des personnes accompagnées sont autant de lueurs d'espoir. Elles font chaque jour la démonstration qu'il est possible de construire un monde où chacun peut trouver sa place et être respecté. Merci à

Léo Prassel et Leïla Delmotte pour leur aide précieuse, ainsi qu'à tous les collaborateurs qui ont contribué à réunir les témoignages figurant dans cet ouvrage et en particulier à Charles, Jérôme, Léon, Dorothée, Valérie, Émilie, Moussa, Karine, Soso.

Je tiens à remercier également tout le comité de direction et le conseil d'administration de l'association Aurore et son président, Pierre Coppey, qui s'inscrivent dans 150 ans d'histoire au service des plus démunis. Merci aussi à Éric Pliez, qui m'a tant appris.

Les actions mises en œuvre et décrites dans cet ouvrage sont aussi le fruit de discussions et d'échanges exigeants avec les services de l'État et des collectivités locales qui portent une lourde charge en mettant en œuvre des politiques publiques difficiles dans des contraintes souvent irréconciliables. D'innombrables personnes ayant le service public chevillé au corps agissent chaque jour pour l'intérêt général. Merci à elles.

Merci enfin à Diana Filippova pour sa relecture et ses conseils, et aux éditions Flammarion pour leur confiance, en particulier Sophie de Closets et Anavril Wollman.

J'ai la chance de pouvoir compter sur ma famille qui m'apporte chaque jour le soutien indispensable à l'aventure derrière ce livre. Merci du fond du cœur.

Table

Cet ouvrage a été mis en page par IGS-CP
à L'Isle-d'Espagnac (16)

Achevé d'imprimer en mars 2025
par Normandie Roto Impression s.a.s.
61250 Lonrai
N° d'impression : 2500807
N° d'édition : 655951-0
Dépôt légal : avril 2025

Imprimé en France